LE BIENFAITEUR
DE L'HUMANITÉ

PARIS. — TYP. DE ROUGE FRÈRES, DUNON ET FRESNÉ, RUE DU FOUR, 43.

LE
BIENFAITEUR

DE L'HUMANITÉ

SECRETS PUISÉS DANS LA NATURE POUR CONSERVER LA
SANTÉ ET GUÉRIR TOUTES ESPÈCES DE MALADIES

RENFERMANT

2,000 RECETTES

Dont l'éfficacité a été reconnue incontestable dans tous les temps et dans
tous les lieux par une foule de personnes qui en ont fait usage

OUVRAGE ORNÉ DE 100 DESSINS

Représentant les plantes qui entrent dans chacun des remèdes, et dont la vue
suffira pour les faire reconnaître partout où elles croissent.

OUVRAGE INDISPENSABLE DANS LES FAMILLES, ET MIS A LA PORTÉE DE TOUT LE MONDE

PAR

Jean-Claude TERRASSE

AUTEUR DES CONSEILS AUX AGRICULTEURS, OUVRAGE COURONNÉ D'UNE MENTION
HONORABLE A L'EXPOSITION D'HORTICULTURE DE LYON, EN 1866

Autorisé le 10 avril 1867, par M. le Ministre de l'Intérieur

La médecine réduite à sa plus simple expression et à sa plus grande efficacité.
NOTE DE L'AUTEUR.

PARIS
P. LEBIGRE-DUQUESNE, ÉDITEUR
16, RUE HAUTEFEUILLE, 16

—

1868

L'auteur se réserve le droit de reproduction et de traduction à l'étranger

INTRODUCTION

Trois choses jouent un rôle important dans la vie de l'homme : le sang, l'humeur et la matière fécale. Si cette matière, en s'évacuant, n'entraîne pas l'humeur, cette dernière arrête la circulation du sang, qui, alors, ne remplit plus ses fonctions et peut, en se fixant sur certaines parties du corps, y causer de graves désordres.

Ce sont d'abord des maux de tête, si le sang se porte sur cette partie du corps ; des maladies de la vue, souvent très-difficiles à guérir, si c'est vers les yeux qu'il abonde ; trop de sang aux oreilles amène la surdité ; vers la bouche, il occasionne des engorgements qui souvent causent de très-grandes douleurs et font gâter les dents. Si c'est vers le nez qu'il se fixe, il peut amener des dartres qui, parfois, sont très difficiles à guérir ; au cou, ce sont de grandes douleurs ; aux jambes, de vives souffrances, et même la goutte ; enfin, si le sang se porte aux bras, il peut arriver qu'on ne puisse plus se servir de ses membres.

Tous ces maux pourraient être prévenus par des moyens très-faciles. Il s'agirait simplement de se purger quand cela peut être nécessaire. La femme devrait le faire tous les mois, jusqu'au retour de l'âge. Quant à l'homme, trois purgations au moins lui seraient nécessaires, par an, jusqu'à la même époque de sa vie, et, après cette époque, au moins quatre par an et plus, si cela est nécessaire. On trouvera dans ce Recueil divers moyens pour se purger ; chacun choisira le plus convenable et le plus à sa portée.

Le corps étant bien purgé, c'est-à-dire bien nettoyé à l'intérieur, le sang y circule sans obstacle. L'humeur étant bien évacuée, tout l'organisme se ressent de cette bonne situation : l'appétit revient, la digestion se fait bien, un sommeil réparateur ramène les forces, et l'on peut vaquer à ses occupations avec un entrain et une énergie que souvent une légère indisposition suffit pour enlever. C'est ainsi que l'homme pourra se livrer avec plaisir au travail et vivre heureux dans sa famille, à la condition, toutefois, qu'il ne se livrera ni aux excès ni à la débauche, car chacun sait que ce sont là les plus terribles ennemis de l'humanité.

L'homme qui est esclave d'une passion en subit les malheureuses conséquences. Est-il sujet à la colère ? S'il se laisse dominer par des émotions trop violentes, un engorgement peut survenir sur une partie du corps, à la tête, par exemple, et causer une migraine très-douloureuse, qui risque de dégénérer en névralgie ou d'amener une suffocation qui, dans plus d'un cas, peut entraîner l'apoplexie. On voit, par cette seule observation, combien on pourrait écarter de maux en faisant tous ses efforts pour dominer ses passions.

PLAN DE L'OUVRAGE

Toutes les maladies dont le traitement est indiqué sont disposées par ordre alphabétique ; il suffit donc de consulter ce livre comme un dictionnaire pour trouver immédiatement ce que l'on cherche.

La Table des matières donne, du reste, tous les renseignements désirables.

Une table particulière des plantes donne le numéro d'ordre et l'indication des planches où elles sont figurées ; il n'y a donc pas d'erreur possible.

Aux personnes qui désireraient acquérir des notions étendues sur les plantes médicinales, nous recommandons l'excellent ouvrage que M. le docteur A. Bossu a consacré à ce sujet ; nous y avons nous-même puisé d'excellents renseignements pour la confection de certaines de nos planches.

LE BIENFAITEUR

DE L'HUMANITÉ

CHAPITRE PREMIER

Abcès.

1. — Mettez en poudre fine de la pierre ; mêlez cette poudre avec de la crème du jour, de la farine de lin et du savon gris ; battez le tout ensemble, et appliquez sur le mal. Renouvelez le remède quatre fois dans les vingt-quatre heures.

2. — Faire cuire des poireaux dans de la graisse blanche ; bien les réduire, et appliquer en frictions.

3. — Abcès sur les seins : prendre du miel et de la farine, les délayer ; mettre sur un linge, avec un petit trou au milieu, et l'appliquer sur le mal. Faire un cataplasme avec de la fécule et du lait ; le mettre dessus l'autre. Prendre de la fleur de sureau et de la farine ; les faire griller, et en appliquer une couche pour tenir chauds les deux autres cataplasmes.

Accouchement.

4. — Prenez des infusions faites avec le foie d'une anguille.

5. — Lavements préparés avec du jus de plantain mâle. Ce remède est des meilleurs.

6. — Fleurs de myrte en infusion. — Le pas-d'âne cuit, mélangé avec de l'eau miellée, et pris en infusion, fait sortir l'enfant mort du ventre de la mère.

7. — Quand, avant ou après l'accouchement, la femme éprouve une peur ou une révolution, faire une tisane avec racine de valériane, 10 gr. pour un litre : une poignée d'argentine ou santonine ; une poignée de barbe de poireau ; 10 gr. de sel d'Epsom ; mêler le tout ensemble et le boire.

8. — Si le sang ne vient pas aux époques, prendre une bonne poignée d'armoise, la faire cuire, la mettre dans une vessie de porc et l'appliquer sur le bas-ventre ; ou faire des infusions avec l'armoise.

9. — Pour arrêter les vidanges excessives, prendre 240 gr. de suie de bois (à la cheminée); bien la broyer avec de fort vinaigre, et mettre en forme de cataplasme sur les reins.

10. — Pour accélérer un accouchement, prendre le foie d'une anguille, le faire griller et réduire en poudre ; faire infuser cette poudre dans un quart de litre de vin ; en donner une cuillerée à café. L'enfant se retourne.

Aliénation.

11. — Prendre trente bourgeons de sureau, les jeter dans un litre d'eau en ébullition ; les faire infuser pendant un quart d'heure ; passer et ajouter 10 gr. de valériane. En boire un litre et demi pendant quinze jours.

12. — Faire prendre une pincée de tortue brûlée, mélangée avec du bouillon.

13. — Prenez de l'ellébore blanc coupé en tout petits morceaux ; faites tremper dans de très-bonne eau-de-vie pendant trois jours ; passez cette eau-de-vie dans un vase ; pressez dans un linge le marc au-dessus de l'eau-de-vie ; donnez au malade, dans du bouillon, une goutte du liquide ainsi obtenu.

14. — Pour agir contre le vertige, prenez des feuilles de bétoine et de sauge à feuilles étroites, parties égales, et laissez-les tremper pendant une nuit dans du vin. Le malade boira à jeun un peu de ce vin ainsi préparé.

15. — Faire infuser du jonc aromatique dans du vin

blanc ou dans de la bière; faire boire de cette préparation à volonté, à toute heure.

16. — Prenez trois poignées de feuilles de lierre terrestre, un demi-litre de vin blanc; mettez le tout dans un pot neuf; faites bouillir en remuant jusqu'à ce que le vin soit réduit à moitié; pilez et remettez dans le pot, en y ajoutant 200 gr. d'huile d'olive; mêlez bien.

Le remède étant préparé, coupez les cheveux du malade à la hauteur de deux travers de doigt au-dessus du front; trempez vos doigts dans la préparation et frottez pendant un quart d'heure sur le front du malade. Cela fait, prenez le cinquième de ce qui reste dans le pot; faites une compresse qui couvre la partie de la tête qui a été tondue, le front et les tempes; renouvelez cette onction et cette application pendant cinq jours, en commençant le soir.

Ne pas contredire le malade, le nourrir avec du bouillon de poulet ou de veau.

17. — Prendre des vers à soie, les sécher et les réduire en poudre, et s'en frotter la tête. Cela est bon pour les épileptiques.

18. — Faire des infusions avec du thé vert, une poignée, et en boire; on peut les prendre en lavements très-souvent répétés.

Faire un paquet, de la grosseur du petit doigt, de racine de buglose; le mettre, dans une bouteille de vin, infuser pendant quarante-huit heures. Répéter six fois, et boire ces six bouteilles de vin comme à l'ordinaire.

19. — Aliénation par accident: prendre cinq poignées de lierre montant, les mettre dans un pot de terre neuf verni avec un kilogr. d'huile d'olive pure et un demi-litre de vin blanc; faire bouillir au bain-marie jusqu'à réduction du vin blanc; puis frotter la tête du malade après lui avoir coupé les cheveux; appliquer le marc sur le front.

20. — Mettre beaucoup d'ail dans tous les aliments pendant deux ans.

Angines couenneuses.

21. — Faire cuire des pommes de terre au four; les écraser et les placer sous les pieds du malade. Renouveler dès que c'est froid. (Voir *Esquinancie*.)

22. — Faire un tampon de linge fixé au bout d'un porte-plume ; le tremper dans l'alcool camphré et le tourner au fond de la gorge.

23. — Faire cuire de la terre grasse dans du vinaigre de vin, un litre et demi ; la bien délayer et l'appliquer sur le cou ; renouveler le cataplasme quand il est sec.

24. — Faire bouillir une livre de figues de Barbarie dans un litre d'eau pendant une demi-heure ; bien se gargariser, après avoir mis du miel au lieu de sucre ; il faut écumer le miel. En boire aussi pour combattre efficacement le croup.

Ankylose (raideur des jointures).

25. — Pour une ankylose, un panaris ou un clou, mettre dans un pot neuf 120 gr. d'huile d'olive, 60 gr. de mine de plomb, 60 gr. de cire jaune brute ; faire cuire le tout sur des cendres chaudes, et faire des applications sur le point malade.

26. — Pour un mal de genou, fendre un jeune chat et l'appliquer dessus.

27. — Pour un mal de jambe, prendre du lierre terrestre, en extraire le jus que l'on fait couler au milieu de beurre fondu dans un pot neuf. Mettre en compresses.

28. — Pour un mal de genou, prendre du poivre bien épicé et de la graisse blanche et en faire une pommade dont on se sert en frictions et en applications. Boire des infusions faites avec une poignée de séné mondé dans un litre et demi d'eau, qu'on laissera réduire d'un tiers.

29. — Pour guérir un calus au genou, faire des applications avec des racines jaunes écrasées.

30. — Pour des douleurs au genou, faire cuire des bourgeons de sapin dans un four lorsqu'on vient de sortir le pain, et en envelopper le genou pendant trois jours.

31. — Pour une enflure au genou, faire des applications de vin dans lequel on aura fait bouillir des orties et du savon râpé.

32. — Faire des applications de morelle.

33. — Prendre cinq litres d'eau, y faire bouillir un kilogr. de sel, 125 gr. d'alun de roche ; donner une douche du

liquide au moyen d'un arrosoir élevé à un mètre de hauteur ; le faire pendant un mois et demi en se tenant sur un baquet, afin de recueillir le même bain, qui peut toujours servir étant chaud, en renouvellant les proportions.

34. — Prendre l'urine de pigeons (matière blanche), de la farine de fève moulue et un jaune d'œuf ; en faire un onguent en le délayant ; l'appliquer sur le mal ; le laisser jusqu'au douzième jour.

35. — Faire une application avec des vers de terre en grande quantité ; les laisser deux heures ; ensuite faire des applications avec du séneçon cuit dans l'eau.

36. — Huile d'olive, 250 gr.; vin de Roussillon, 500 gr.; cire jaune, 44 gr.; bois de santas rouge, 12 gr.; térébenthine de Venise, 100 gr.; eau de roses, 44 gr., et camphre, 24 gr.; faire bouillir le tout dans un pot neuf, sauf la térébenthine et le camphre, sur un feu très-doux, pendant une demi-heure ; y verser la térébenthine après l'avoir retiré du feu, remuer trois minutes, mettre le camphre, le remuer jusqu'à ce qu'il soit fondu, tremper un linge dans de l'eau fraîche pour passer la liqueur, bien le tordre et laisser figer douze heures. Etendre sur une toile le baume et l'appliquer ; racler chaque fois la même toile pour la faire resservir ; renouveler deux fois par jour l'application.

37. — Remplir un sac de feuilles d'aune (verne), enfiler la jambe dedans.

38. — Battre une cuillerée d'alun de roche bien pilé, avec trois blancs d'œufs, dans une bassine de fer-blanc battu ; appliquer *sur* le genou, mettre ensuite *dessous* quatre escargots bien écrasés, après avoir sorti les coquilles ; arroser avec de l'huile d'olive et changer toutes les vingt-quatre heures. Quand cela ne se colle plus, c'est un bon signe.

39. — Faire griller de la farine, la mettre dans un sac et l'appliquer ; ou se frictionner avec de l'eau de Cologne et de la flanelle, devant un grand feu.

40. — Faire griller de l'avoine, faire fondre deux chandelles et appliquer le tout bien chaud. Tenir un fer chaud sur ce cataplasme.

41. — Faire des applications avec des vers de terre, et souvent battre avec des orties : cela fera venir des cloques ; l'eau sortira et la guérison est assurée.

Apoplexie.

42. — Prenez immédiatement la valeur d'une cuillerée de sel brut et introduisez-le dans la bouche du malade. Cette médication le ramènera à la vie et l'on évitera ainsi la paralysie. — Lavement avec du sel. — Maintenir du sel autour du cou.

43. — Faire des infusions avec la primevère jaune des champs, mais prise dans les bois.

44. — Mettez dix gouttes de térébenthine dans la moitié d'un verre d'eau ; faites boire.

Appétit.

45. — Faire prendre une infusion de germandrée (petit chêne). Une pincée suffit pour purger.

46. — Faire une légère infusion avec du pyrèthre.

47. — Pour donner de l'appétit, faire cuire du bois de frêne une demi-heure avec de la réglisse, et boire.
Boire à jeun une cuillerée de sirop d'Ipécacuanha pendant huit jours.

Asphyxie.

48. — Mettre le malade dans un grand courant d'air; lui donner sur la poitrine de grandes secousses, en pressant avec les mains de minute en minute : une minute de pression, une de repos.

Asthme.

49. — Faire brûler des branches d'ortie sèche, des feuilles de ronce et une tête de pavot; ramasser les cendres, mélanger avec de la farine de graine de lin et faire un cataplasme que l'on appliquera sur la poitrine du malade pendant trois soirées consécutives. — Pour la tisane, prendre : racine de pinchaud (primevère), 25 gr.; racine de lapais (patience), 15 gr.; racine de pissenlit, 15 gr.; chiendent, 20 gr.; faire bouillir le tout dans un litre d'eau; ajouter deux cuillerées de sirop de gomme et le jus de la moitié d'un citron. Boire dans la journée un grand bol de cette tisane. — Si un léger rhume venait à se déclarer, une tasse de la tisane indiquée suffirait pour le faire entièrement disparaître.

50. — Mettre une bonne pincée de sel gris dans une cuillerée d'eau-de-vie ; le faire dissoudre, le boire à jeun ; souvent répéter.

Autre recette bonne pour l'engorgement des poumons : Prendre 250 gr. de miel, 60 gr. de crème de tartre, 30 gr. de séné. Placer sur le feu deux litres et demi d'eau, y mettre le miel le premier ; écumer jusqu'à ce que l'eau bouille, puis mettre le séné et enfin la crème de tartre, bien doucement, de crainte que l'eau ne se répande ; laisser bouillir cinq heures, jusqu'à réduction à un litre. Si c'était trop tari, remettre un quart de litre d'eau et laisser rebouillir. — En boire un cinquième de litre à jeun pour un homme, la moitié pour un enfant ; et cela jusqu'à guérison.

51. — Deux litres de vin blanc sec, une livre de fumeterre, une livre de bourrachine, une pomme de reinette coupée en quatre ; raisin et figues, une demi-livre de chacun ; faire bouillir, réduire à moitié ; ajouter autant de sucre, faire rebouillir. Boire une cuillerée matin et soir.

52. — 20 centimes d'huile d'olive, 20 centimes de sucre candi ; faire fondre le sucre dans l'eau et battre. Boire une cuillerée matin et soir.

53. — Prendre une forte pincée de pulmonaire du chêne, de la violette, du lierre terrestre, une pincée de coquelicot ; faire bouillir le tout dans trois quarts de litre d'eau, réduire à moitié. Ajouter 16 gr. d'iodure de potassium. Trois cuillerées par jour : matin, midi et soir.

CHAPITRE II

Battements de cœur.

54. — Fendre deux ou trois poules noires et les appliquer sur la partie malade, de façon qu'elles y restent quinze heures l'une après l'autre. On se sert de poules noires parce que leur sang est plus chaud.

55. — Prendre vingt-quatre escargots vivants, les laisser pendant vingt-quatre heures sur la partie malade, ensuite prendre une poignée de feuilles de millepertuis et autant de petite joubarbe ; pulvériser douze coquilles ; en saupoudrer les limaces quand elles sont appliquées sur la partie malade et mettre dessus les herbes écrasées.

56. — Battre un blanc d'œuf avec de la verveine des champs pilée ; mettre entre deux linges et appliquer sur le mal pendant toute la nuit. Renouveler trois fois cette application.

57. — Faire un nid de coton, y mettre des vers de terre et appliquer sur le mal. — Ce remède est également bon pour une fraicheur.

58. — Compresse de feuilles de laurier-cerise écrasées sur le cœur. Cataplasme de fleurs de camomille bouillies, délayé avec de la farine de seigle et arrosé avec de l'huile de camomille ; appliquer sur le ventre. Mélanger du beurre avec du miel, à parties égales, et en manger.

59. — Mettre infuser vingt-quatre heures des feuilles de millepertuis dans un litre de vin ; en boire un verre à jeun.

60. — Retenir sa respiration pendant une minute.

Blessures et Coups.

61. — Contre un coup aux parties, faire cuire trois bottes de cresson et les appliquer le matin. Dans la journée, boire le jus cuit.

62. — Contre un coup intérieur, 10 centimes de sel ammoniac pulvérisé dans un demi-litre de vin blanc; boire par petits verres, à jeun, et cela pendant huit jours. Bien secouer chaque fois.

63. — Faire bouillir du plantain et appliquer les feuilles sur le mal avec du linge ou de la flanelle.

64. — Prenez deux litres de vin, 500 gr. de sucre, 500 gr. de cire et de miel; faites bouillir et réduire à un tiers; appliquez sur la partie malade.

65. — Faire macérer pendant douze jours des feuilles d'orpin dans de l'huile d'œillette; partager les feuilles et les appliquer sur le mal; les changer trois fois par jour.

Brûlures.

66. — Bien battre ensemble pour 10 centimes d'huile et autant de jus de plantain; s'en frotter avec un linge.

67. — Prendre une bonne poignée de persil cueilli dans la première quinzaine de mai, par un temps sec, le hacher et le mettre dans l'huile d'olive. On peut s'en servir quatre jours après.

68. — Prendre un jaune d'œuf, 10 centimes d'huile d'olive, 10 centimes de baleine blanche, 10 centimes de cire vierge; battre le tout ensemble et maintenir sur la brûlure.

69. — Appliquer de la gelée de groseilles.

70. — Hacher bien menu des feuilles de buis; les faire cuire environ quatre minutes dans de la graisse blanche mâle et appliquer.

71. — Faire bouillir ensemble, pendant un quart d'heure, une poignée de feuilles de lierre montant, les jaunes de quatre œufs frais cuits durs, une demi-livre de beurre frais, 15 centimes de cire jaune; passer et appliquer; ou bien mettre

sur le mal des feuilles de plomb, que l'on essuie par moment et que l'on remet ensuite.

72.—Mêler de l'huile de noix et de l'eau à parties égales; battre jusqu'à ce que l'écume se forme, et appliquer sur des compresses.

73.—Prendre une couenne de lard, la piquer de grains d'avoine, y mettre le feu; ramasser la graisse et se servir de cette pommade.

74.—Etendre de l'huile d'olive sur la brûlure, couvrir la partie malade de farine, que l'on maintient dessus autant que possible; tremper la partie dans la farine, si cela se peut.

75.—Ecraser des orties avec de l'huile d'olive et en faire des applications.

76.—Applications d'huile de pied de bœuf naturelle.

77.—Faire bouillir du lard rance, en exprimer le jus; passer et mêler avec un demi-verre d'eau-de-vie.

78.—Mélange d'huile d'olive et de tabac à priser.

79.—Faire bouillir de la deuxième écorce de bois d'orme; laisser réduire à moitié et figer. Applications pendant huit jours.

80.—Applications de blancs d'œufs battus en neige.

81.—Faire fondre cinq chandelles dans un pot neuf; mettre le pot dans un seau d'eau et appliquer la graisse qui surnage.

82.—Prendre un morceau de graisse blanche, y piquer beaucoup de grains d'avoine; faire brûler en le tenant avec des pinces; ramasser l'onguent dans un pot, pour le mettre au besoin sur la brûlure. — Bon pour les yeux : s'en frotter les paupières.

83.—Onguent très-bon. Prendre une livre de la deuxième écorce du sureau, deux livres d'huile d'olive qui ait été souvent lavée avec l'eau distillée de fleurs de sureau; faire bouillir un quart d'heure; couler, exprimer le jus; y ajouter 120 gr. de cire neuve, autant de jus de bourgeons de sureau; faire bouillir ensemble jusqu'à réduction; ôter de dessus le feu; remuer toujours avec un bâton; puis ajouter 60 gr. de vernis liquide, 120 gr. d'encens mâle bien pilé menu, les blancs de deux œufs frais, après l'avoir bien battu auparavant avec une cuillère, mêler et mettre dans un pot verni.

84. — Je ne saurais trop engager les personnes qui me lisent à avoir toujours chez eux de l'onguent dont je vais donner la recette ; il est souverain contre les plaies, les humeurs, les douleurs de sein et autres, qu'il enlève en moins d'une heure. — Faire fondre dans un chaudron bien propre un kilogr. de beurre du mois de mai n'ayant été ni salé ni lavé ; ajouter 385 gr. de cire blanche neuve ; laisser bien fondre ; mettre dans le chaudron 625 gr. de diachylum magnum, 375 gr. de poix-résine bien pilée ; ne pas cesser de remuer jusqu'à ce que le tout soit bien fondu et bien mélangé. On retire alors du feu cette préparation et on la verse dans des pots bien vernis quand elle a perdu un peu de sa chaleur. — Cette pommade devenant très-dure, il faut, lorsqu'on veut s'en servir, la faire chauffer dans une assiette, mettre un linge dessus, puis en prendre gros comme un pois que l'on étend sur la partie malade.

85. — Contre la brûlure, les dartres et les plaies. Ecraser des feuilles de morelle, douce-amère solanum (celle dont la fleur est blanche), et mettre le jus sur le mal ; on guérit la gangrène. Pétrir les débris avec la graisse blanche et appliquer. Prendre la graine quand elle est bien mûre ; la faire cuire avec du beurre frais, parties égales ; passer ensuite et mettre dans un pot ; avant de s'en servir, se laver avec de l'eau de rivière.

86. — Prendre du saindoux, y piquer des grains d'avoine qui se touchent ; le tenir au bout d'un fil de fer, le faire brûler sur une assiette de fer ou écuelle ; le passer à travers une toile, en appliquer vingt minutes après. Plus de douleur.

87. — Faire une décoction de feuilles de noyer ; appliquer les feuilles dessus, et arroser avec des compresses trempées dans de l'alcool où l'on a mis macérer l'enveloppe des noix.

88. — Frotter la brûlure avec du séneçon ; en écraser, et appliquer le jus.

89. — Faire cuire de la cire vierge avec de l'huile d'olive ; y battre un jaune d'œuf, quand l'huile est refroidie, et en mettre avec une plume ; tenir la plaie bien grasse.

90. — Se procurer deux litres d'eau de la première neige

qui tombe, laver la plaie avec cette eau ; ensuite y délayer de la farine et l'appliquer.

91. — Faire brûler du tabac et appliquer les cendres.

92. — Mettre une poignée d'ache de montagne dans un litre de vin blanc ; y ajouter dix blancs d'œufs ; laisser infuser vingt-quatre heures ; en boire un verre tous les matins à jeun, jusqu'à quatre litres.

93. — Prendre une feuille de bardane, l'oindre d'huile d'olive, et appliquer.

94. — Litharge d'or délayée avec de l'huile d'olive ; tremper dans de l'esprit-de-vin une plume ; la passer légèrement sur la brûlure et appliquer par-dessus la pâte avec la même plume.

95. — Délayer de la farine de blé de Turquie avec de l'huile de noix vierge, et appliquer.

96. — Mettre dans un litre d'eau-de-vie une poignée de fleurs de millepertuis ; il faut en laver la brûlure ; bon pour les plaies.

97. — Prendre un morceau d'une chemise d'homme usée, tremper cette toile dans l'huile d'olive ; bien la saupoudrer avec de la fleur de soufre ; la faire brûler ; ramasser ce qui tombe et le placer sur la brûlure avec une plume ; ne rien mettre dessus pour que cela ne colle pas.

98. — Faire cuire des œufs bien vieux, jusqu'à ce qu'ils soient durs ; prendre les jaunes, les mettre dans une casserole de terre neuve ; mettre sur le feu et remuer avec une cuillère en fer jusqu'à ce qu'ils deviennent noirs ; les vider dans un pot neuf ; en passer avec une plume, et point de linge par-dessus.

99. — Ecraser du charbon de bois ; en mettre sur le mal ; le laisser vingt-quatre heures. De même pour les coupures.

100. — Fricasser des crottins de cheval ou de mulet ; presser la graisse, jeter le jus et appliquer la graisse sur le mal.

101. — Faire griller du lierre montant dans du saindoux ; passer et mettre dans un pot neuf.

102. — Prendre la deuxième écorce du bois d'orme; la mettre dans de l'eau fraîche; bien battre; y tremper la brûlure et en faire des compresses.

103. — Appliquer du vinaigre de vin ou du miel, ou seulement de la ouate de coton.

CHAPITRE III

Calus.

104. — Prendre de la ciguë fraîche, la mêler avec la boue d'une meule à aiguiser, en faire des cataplasmes que l'on met sur le mal pendant huit jours.

105. — A la main, mêler de la verveine des prés avec un blanc d'œuf; appliquer pendant douze jours.

106. — Contre les calus, les panaris et tous les maux de doigts, appliquer des feuilles de liseron ; les changer souvent.

Cancer.

107. — Prendre de l'huile d'olive et du vin en égales parties, faire tiédir et frictionner avec un morceau de laine douce. Tenir des linges chauds sur le mal. — Ou faire frire dans de la graisse blanche de la pariétaire et du séneçon et faire des applications. — Ou fricasser de la bouse de vache dans de la graisse blanche, et l'employer également en applications.

108. — Prendre douze escargots, écraser légèrement les coquilles et en mettre quatre sur le mal, de quatre heures en quatre heures.

109. — Prendre de la farine de seigle fraîche ; la faire bouillir avec du sel, après l'avoir délayée, et s'en servir en cataplasmes bien chauds. Ce remède est très-bon pour les seins, et aussi pour les chancres.

110. — Tenir sur le mal une poupée de son dans laquelle on a mis du sel; la changer tous les jours. Cette recette est également bonne pour le scorbut.

111. — Ouvrir un lapin et l'appliquer, en le laissant au moins quatre heures. — Ou appliquer sur le mal jusqu'à guérison un mélange composé d'huile d'olive dans laquelle on a délayé une cuillerée de miel coulé et de la farine de seigle.

112. — Faire bouillir du marrube blanc et un peu de sel dans du vin blanc, et faire des applications bien chaudes pendant assez longtemps.

113. — Ecraser et appliquer de la petite joubarbe qui croît sur les murs.

114. — Fendre une taupe et l'appliquer dessus.

115. — Il faut bien nettoyer le cancer, bien le baigner avec de l'eau de chardon bénit, et le couvrir avec la poudre de cette plante.

116. — Pour guérir les glandes au sein, prendre des choux rouges ou, à défaut, toutes espèces de choux; choisir le pommé; écraser la côte; appliquer la feuille sur le mal, après l'avoir arrosée d'huile d'olive; la changer toutes les vingt-quatre heures; guérison complète en moins de quinze jours.

117. — Mettre des compresses d'urine d'un enfant mâle qui tête.

118. — Appliquer trois gros crapauds sur le mal, l'un après l'autre; ou les faire griller, les réduire en poudre, et en mettre une pincée dans le manger.

119. — Appliquer un bonnet d'homme porté, et non blanchi.

120. — Faire griller une tranche de veau sur un réchaud et exposer le mal à la fumée qui tue le cancer; l'odeur de la viande attire la bête; le lard rôti a la même vertu.

121. — Safran, 20 centigr.; cumin, 4 gr.; cire jaune, 32 gr.; huile d'amandes douces, une cuillerée à bouche; faire fondre la cire et mettre ensuite l'huile; ajouter le cumin et

le safran contenu dans un sachet de toile ; faire bouillir sur un feu doux pendant dix minutes. Etendre sur un morceau de toile et appliquer sur la partie malade ; renouveler tous les jours.

122. — Cancer de la matrice : prendre un morceau de rouelle de veau, l'introduire dans le vagin ou col, sur la partie malade ; le renouveler tous les soirs ; le retirer le matin ; faire infuser du plantain long dans du rhum et l'appliquer sur le mal. — Bon pour une loupe.

123. — Prendre un gros crapaud, le faire jeûner dans un panier à salade, pour lui faire jeter son venin, en le faisant tourner plusieurs fois ; ensuite le mettre devant le mal pendant neuf jours ; s'il crève, en prendre un autre.

124. — Laver le cancer avec de l'eau salée trois fois par jour ; faire une pommade avec du saindoux camphré et de la fleur de soufre, et en appliquer.

Carreau ou ventre ballonné des enfants

125. — Faire une omelette composée d'une poignée de matricaire, d'une pincée de camomille, de deux œufs frais, d'une pincée de suie de bois, et cuite dans 10 centimes de graisse blanche ; l'appliquer sur le creux de l'estomac, et l'y laisser jusqu'à ce qu'elle soit froide. Renouveler plussieur fois le remède.

126. — Prendre du crottin de paon et en mettre une pincée dans une infusion de chicorée, que l'on fera prendre le matin, à jeun.

Catarrhe.

127. — Faire une omelette composée de douze œufs frais et de douze oignons blancs, dans 125 gr. de graisse blanche, et la tenir sur l'estomac toute la nuit.

128. — Fumer de la belladone.

129. — Faire des infusions de thym ou de serpolet des champs coupées avec du lait ; sucrer et boire le matin et le soir.

130. — Prendre une racine entière d'ortie, la faire

bouillir dans un litre de vin vieux jusqu'à réduction à un litre ; passer, exprimer le jus ; ajouter une livre de sucre ; remettre sur le feu et boire tout de suite.

131. — Prendre un kilogramme de son, le laver dans deux litres d'eau jusqu'à ce qu'il ne soit plus blanc ; faire bouillir cette eau jusqu'à ce qu'elle soit réduite à la moitié ; ajouter une demi-livre de sucre candi et boire tiède, un verre matin et soir.

132. — Prendre de temps en temps un petit verre d'eau-de-vie blanche, dans lequel on a mis 1 grain d'aloës.

133. — Mettre une pincée de thym ou de serpolet dans deux litres de vin ; faire bouillir et réduire à trois quarts ; ajouter 450 gr. de sucre et faire bouillir de nouveau. Boire par verres, bien chaud, à jeun.

134. — Faire brûler du sarment ; préparer une poupée avec deux cuillerées de la cendre et la faire bouillir dans trois quarts de litre d'eau avec quatre figues, huit feuilles de ronce et une cuillerée à café de miel. Boire.

135. — Boire trois jours de suite, lorsque l'on est au lit, une infusion de violettes dans laquelle on a mis trois cuillerées d'eau-de-vie et trois cuillerées de sirop de capillaire.

Chagrin ou Sang brouillé.

136. — Ecraser du séneçon ; en faire un cataplasme, après l'avoir bien arrosé avec de l'huile d'olive, l'appliquer sur le ventre huit nuits consécutives.

137. — Tisane composée de deux dattes, d'une pincée de fumeterre et de scabieuse, dans un litre d'eau. Faire bouillir pendant vingt minutes ; sucrer et couper avec du sirop d'hysope ; en boire à sa soif pendant douze jours.

138. — Appliquer entre les épaules un emplâtre divin (voir chez les pharmaciens) ; le changer tous les sept jours pendant quelque temps.

139. — Ouvrir deux tanches vivantes, les appliquer sous les pieds ; les y laisser sept heures.

140. — Faire cuire dans du lait de la camomille, du riz et de la verveine, et appliquer six fois, tantôt sur le côté gauche, tantôt sur le côté droit.

141. — Appliquer sept ou huit fois sur le front et sur les tempes de la verveine, de la bétoine et de la marjolaine, pilées et arrosées d'eau distillée.

142. — Faire cuire dans du vin blanc quatre pieds de veau bourrus, 30 gr. d'encens mâle, une poignée de marrube blanc, jusqu'à ce que les pieds de veau puissent se désosser. On sortira alors les os ; on mettra le reste entre deux linges et on l'appliquera sur les reins, où on le laissera pendant sept heures.

143. — Frictionner les parties douloureuses avec de l'huile d'amandes douces, soir et matin pendant dix jours.

144. — Boire à volonté, pendant douze jours, au moins, de la tisane faite avec la seconde écorce de branches de bois de frêne de la poussée de l'année courante, une pincée de mélisse et de la menthe dans un litre et demi d'eau. Très-bon.

Chancre.

145. — Prenez cinq cigares de 25 centimes chacun, découpez-les en petites tranches et placez-les sur une pelle rouge, afin de les réduire en cendre ; mettez la cendre dans un demi-litre d'esprit-de-vin ; si le chancre a de grandes proportions, dans un litre ; bien mélanger le tout ensemble ; laver la plaie avec la barbe d'une plume, qu'il faut changer chaque fois.

146. — Faire bouillir de l'herbe dorée ou cétérach, et s'en frotter.

147. — Si le chancre est ouvert, il faut prendre un crapaud vivant, petit ou gros, selon la grandeur de la plaie, et l'appliquer tel quel, sans rien lui enlever, en ayant soin de le prendre avec un linge et le bien bander sur le mal, où on le laissera pendant vingt-quatre heures. Si le crapaud est *mangé* lorsque l'on enlèvera l'appareil, c'est une preuve que le chancre est *mort*. On pansera alors la plaie avec de l'onguent.

148. — Contre les dartres syphilitiques : 10 centimes de carbonate de fer, 1 grain d'iodure de potassium, 5 centimes de graisse blanche ; mélanger et mettre sur le mal.

149. — Pulvériser du sucre, en mettre quatre fois par jour, et tenir la plaie bien propre.

Charbon.

150. — Manger un citron avec l'écorce.

151. — Faire boire des infusions de sauge cuite dans du vin.

152. — Mélanger de la mie de pain de seigle ou de la farine avec un jaune d'œuf frais ou du miel frais ; battre le tout et faire des applications.

153. — Faire cuire des oignons blancs à la braise ; les fendre ; y mettre du sel et du poivre après avoir sorti l'œil, et appliquer.

154. — Mélanger de la cire vierge et de l'huile d'olive dans un pot neuf et faire dissoudre ; appliquer ensuite. — Pommade très-bonne pour les chancres et les coupures.

155. — Pétrir du charbon de bois de chêne pilé avec de la graisse blanche. — Bon également pour les boutons.

Chaud et froid.

156. — Faire chauffer deux verres de vin, dans lesquels vous mettrez 125 gr. de sucre, 125 gr. d'huile d'olive et une cuillerée de bon miel. — Ou bien faire chauffer une bouteille de bon vin, y mettre trois cuillerées de bon miel ; bien délayer et boire, après s'être mis au lit. — Ou faire cuire une tête de céleri et un pigeon dans un pot et faire boire le bouillon au malade.

157. — Battre une cuillerée d'encens mâle dans la valeur d'un petit verre d'élixir de longue-vie et boire avec un entonnoir, pour éviter le contact avec les dents. — Ou faire chauffer une bouteille d'eau-de-vie, y faire fondre une chandelle ; imbiber de l'étoupe et l'appliquer sur le creux de l'estomac. — Bon pour les poitrinaires.

158. — Prendre un verre d'huile d'olive fine, un verre d'eau et un verre de bon vin rouge ; faire bouillir le tout ensemble jusqu'à réduction de moitié, et boire en une seule fois. — Ou boire une cuillerée à café d'élixir de la Grande-Chartreuse, par intervalles, et prendre trois infusions de feuilles de frêne.

159. — Prendre trois infusions de marrube blanc. — Ou une infusion de violettes dans laquelle on a mis pour 20 centimes de sang de boudin. — Ou une infusion de bourrache contenant pour 5 centimes de thériaque.

160. — Préparer une infusion de thé bien sucrée ; faire brûler un cinquième environ d'eau-de-vie ; sucrer ; mélanger le tout ensemble et boire bien chaud. — Ou boire des infusions de pariétaire.

161. — Mettre de la graine d'ortie dans un chiffon ; faire cuire dans du vin, et boire. — Ou prendre de la vipérine ou bourrache sauvage, faire infuser dans un demi-litre d'eau et boire bien chaud en se couchant.

162. — Mélanger 125 gr. d'eau, 125 gr. de vin, 125 gr. d'huile d'olive ; faire bouillir pendant vingt minutes, et boire. — Ou faire des infusions d'ortie. Bien couvrir le malade.

163. — Prendre deux fois par jour des infusions de marguerite des prés. Avec six on peut guérir un refroidissement, même ancien.

164. — Mélanger une cuillerée d'eau de Cologne avec deux cuillerées de vin blanc ; boire deux soirs et un matin ce remède, qui est également bon contre la petite vérole et la rougeole.

165. — Boire trois cuillerées de jus de racine d'ortie ; fendre une poule noire, se la placer sur l'estomac et l'y laisser dix heures. — Ou prendre des infusions de racine d'ortie matin et soir.

166. — Piler de l'herbe de bourrache et en boire le jus plusieurs fois. — Ou faire une poupée d'encens mâle et en faire des infusions. — Les infusions d'angélique sont aussi très-bonnes.

167. — Mettre une cuillerée à café d'eau sédative dans une tasse de bourrache et faire boire de dix minutes en dix minutes ; appliquer des compresses d'eau sédative aux poignets, au cou et sur l'estomac.

168. — Faire bouillir une poignée d'ortie avec la racine dans une bouteille de vin vieux ; exprimer le jus ; remettre sur le feu ; ajouter une demi-livre de sucre et faire boire par cuillerées. Le malade serait à l'agonie, qu'il en revient.

169. — Racine de grande consoude, anis étoilé, clous de girofle, cannelle, un peu de fleur de tussilage, en tout, pour 15 centimes : faire bouillir dans un litre d'eau jusqu'à réduction de moitié ; boire bien chaud la moitié, le soir en se couchant, et le reste deux heures après.

170. — Prendre deux pigeons non pattus ; les fendre et les appliquer sur la plante de pieds, la tête du côté des orteils, et les laisser environ vingt-quatre heures. — Ou faire fondre une demi-livre de beurre, et boire.

171. — Faire brûler une bouteille d'eau-de-vie ; mêler une cuillerée de cette eau-de-vie avec une cuillerée à café d'huile, battre, et boire matin et soir.

172. — Faire cuire des pains de seigle ; les couper et en envelopper la personne entièrement ; tirer ce qui sort de la bouche avec une pince ; on peut encore appliquer un pigeon pattu sur la poitrine. Ceci est bon pour une fluxion.

173. — Boire trois fois par jour d'une infusion composée de germandrée, de fleur de sureau, de bouillon, de pomme de reinette et de réglisse.

174. — Mettre trois litres d'eau dans un pot neuf, douze dattes, douze jujubes, douze escargots et une demi-livre de sucre candi ; faire bouillir le tout jusqu'à réduction aux deux tiers ; passer, et boire bien chaud matin et soir. Très-bon contre la toux.

175. — Faire fondre une chandelle dans un verre d'eau-de-vie ; ajouter 30 gr. de poivre, un verre d'huile d'olive. Quand la préparation est froide, en imbiber du coton ou de l'étoupe ; appliquer sur la partie douloureuse et l'y laisser huit heures. Diète.

176. — Faire fondre une chandelle de 15 centimes ; mettre quatre oignons blancs et faire cuire ensemble ; faire une application de trois heures de durée sur la poitrine et la plante des pieds. Renouveler trois fois.

177. — Une infusion composée d'une pincée de pavot des champs et d'une pincée de fleur de sureau. Sucrer et boire chaud.

178. — Pour langueur, à la suite d'un chaud et froid : mettre dans un litre d'eau une pomme de reinette partagée en quatre, pour 10 centimes d'hysope, pour autant de réglisse noire ;

faire bouillir et réduire à moitié, passer, presser ; ajouter une demi-livre de sucre candi ; remettre sur le feu et réduire à un quart de litre. En prendre une cuillerée matin et soir.

179. — Faire du bouillon de vipère : un morceau de cinq centimètres de long suffit. Il faut chercher à prendre la vipère par le cou, avec un bâton fendu, pour éviter d'être mordu, et qu'elle ne se morde pas, la battre avec une baguette, puis lui couper la tête et la queue. On enlève la peau ; on fait sécher la chair ; elle est bonne contre les coliques.

180. — Faire bouillir une poignée de racine d'ortie et de bourrache dans un litre d'eau ; réduire à moitié ; passer et exprimer le jus ; faire bouillir de nouveau en ajoutant 125 gr. de sucre. Boire une cuillerée soir et matin.

181. — Faire cuire de la fiente de poule noire dans du vin ; passer, sucrer et boire.

182. — Pour un homme : prendre un chat mâle, le fendre, après lui avoir coupé la tête ; l'appliquer sur la poitrine et l'y laisser cinq heures. Pour une femme, se servir d'une chatte.

183. — Faire bien chauffer de l'avoine dans une poêle, jusqu'à ce qu'elle soit rôtie ; l'arroser avec du vinaigre ; la mettre entre deux linges un peu longs, en guise de sac, et l'appliquer autour des reins, entre le creux de l'estomac et le ventre. Ce remède est excellent pour une personne abandonnée.

184. — Pour le chaud et froid et la fièvre typhoïde : lavement de mauve avec deux cuillerées d'huile de noix vierge ; prendre trois lavements ; bouillon d'herbes après le lavement, et boire souvent des infusions de mélisse et de bourrache.

185. — Pour faire transpirer, faire bouillir de la fiente de pigeon ; passer, sucrer et boire. — Ou faire des décoctions avec des feuilles de noyer.

186. — Pour un refroidissement, prendre quinze à vingt oignons rouges ; les piler et les mettre dans une casserole avec une poignée de farine de seigle et quelques gouttes de vinaigre. Quand le tout est bien chaud, le mettre sous les pieds nus, jusqu'à la hauteur de la cheville, avec deux cruches d'eau chaude pour maintenir le tout en état de cha-

leur ; laisser huit heures, pas davantage, pour ne pas faire rentrer le mal. Faire le remède trois fois. Eviter d'avoir chaud à la tête.

187. — Faire un cataplasme de farine de lin, dans lequel on fait bouillir deux gousses d'ail écrasées et deux verres de sel ; appliquer sur l'estomac pendant un quart d'heure ; frictionner avec de la pommade camphrée et arroser avec de l'eau sédative.

188. — Faire des infusions avec de la verveine des prés et de la germandrée.

189. — Pour éviter de prendre un chaud et froid, uriner quand on a bien chaud.

190. — Bien mélanger 30 gr. de cassonade blonde, dissoute dans 30 gr. d'huile d'olive, 30 gr. d'eau d'arquebuse ou vulnéraire, et boire.

191. — Faire des infusions avec de la véronique des Alpes ; ajouter une cuillerée d'eau d'arquebuse ou de vulnéraire ; quatre fois par jour pendant trois jours.

192. — Boire le jus de la bardane.

193. — Contre une pleurésie : Un verre d'eau, un verre de vin, un verre d'huile d'olive ; faire bouillir jusqu'à réduction à un tiers ; le boire avant le cinquième jour.

194. — Faire une crêpe de farine folle, qui se tient autour de la meule, avec du saindoux ; l'appliquer sur l'estomac.

195. — Prendre de la ciguë, la faire chauffer et l'appliquer bien chaude sur le point douloureux ; mettre par-dessus de la flanelle.

196. — Faire des infusions avec l'érysimum ou tortelle ; les boire bien chaudes le soir en se couchant, et froides le matin.

197. — Faire bouillir trois minutes de la fleur de sureau ; passer sur le jaune d'un œuf avec du sucre ; boire bien chaud.

Cheveux.

198. — Pour leur entretien et leur conservation, se servir d'une pommade dont voici la recette :

Faites fondre au bain-marie 60 gr. de moelle de bœuf que vous avez fait tremper dans l'eau fraiche, la veille, afin d'en faire disparaitre le sang ; passez dans un linge, afin d'enlever les pellicules ; versez ensuite de l'eau, en ayant soin de battre jusqu'au moment où la moelle est refroidie et prise ; versez de nouveau de l'eau et lavez comme la première fois ; faites fondre une troisième fois et mettez 35 gr. d'huile d'amandes douces, dans laquelle vous aurez versé une cuillerée de rhum ; ajoutez un peu d'essence de roses, et battez jusqu'à ce que la pommade soit épaisse ; versez dans le pot qui doit la recevoir.

199. — Pour faire pousser les cheveux, se frotter avec de l'huile de cade (huile faite avec des graines de genièvre).

200. — Pour enlever les dartres à la tête, mélangez 125 gr. de poudre (qu'il faut piler avec du bois), avec 500 gr. de beurre; bien mêler et s'en mettre sur la tête une fois par jour, pendant trois jours.

201. — Pour éviter de prendre des coups d'air lorsqu'on se sera fait couper les cheveux, se frotter toute la tête avec la valeur d'un petit verre d'eau-de-vie.

202. — De l'eau de miel mélangée avec de l'esprit-de-vin fait croitre et repousser les cheveux.

202. — La pommade camphrée est très-bonne pour faire pousser les cheveux.

204. — Pour empêcher les cheveux de tomber, écraser du capillaire, le broyer dans de l'huile d'olive et le faire cuire dans du vin avec de la graine de persil ; se frotter la tête avec cette composition.

205. — Faire chauffer des feuilles de choux rouges, les appliquer sur les parties nues avec du saindoux ; et boire de la tisane très-amère.

206. — Ou se graisser avec du beurre bien frais ; ou se frictionner avec du rhum.

Choléra ou Peste.

207. — Couper des oignons blancs en quatre, en faire des chaînes que l'on suspend dans les appartements en lignes diagonales; ceci préserve de la peste.

208. — Pour se préserver du choléra, faire infuser dans un litre d'eau-de-vie ou de rhum, pendant quarante-huit heures : 15 centimes de camphre en poudre, 10 centimes de coriandre, un petit pois d'aloès, une noix muscade, un morceau de cannelle et douze clous de girofle. Prendre une cuillerée tous les matins ; si des symptômes cholériques surviennent, prendre cinq cuillerées : une de deux heures en deux heures.

209. — Faire une infusion de thé chargée; y ajouter 15 centimes de rhum et la boire; bon pour l'indigestion et les coliques.

210. — Boire de l'eau d'arquebuse mêlée, à parties égales, à de l'eau d'angélique.

211. — Faire dissoudre du camphre dans de la liqueur verte de la Grande-Chartreuse; en boire un petit verre de quart d'heure en quart d'heure, quand on est pris de coliques et de refroidissement.

212. — Mâcher un cigare et en avaler le jus comme purgatif; mais seulement quand le choléra est déclaré.

213. — Pour se guérir de la diarrhée, boire deux infusions de renouée des oiseaux ou centinode. On trouve cette herbe sur tous les chemins.

214. — Boire deux infusions de l'herbe bourse-à-pasteur, qui guérit aussi le flux de sang ou dyssenterie.

215. — Prendre, par jour, deux lavements composés de charbon de bois pilé, de graine de lin et de mauve; boire du café noir.

216. — La liqueur aromatique de Raspail a guéri des personnes du choléra. Elle se compose de la manière suivante : alcool à 210 quartiers, 1 litre, racine d'angélique, 30 gr.; calamus aromatique, 2 gr.; myrrhe, 2 gr.; cannelle, 2 gr.; aloès, 4 gr.; clous de girofle, 1 gr.; vanille, 1 gr.; camphre, 1 gr.; noix muscade, 20 centig.; safran, 5 cen-

tig. ; mettre le tout dans une bouteille bien bouchée, exposée au soleil ; en boire un petit verre toutes les heures dès le début. Si l'on était pressé, faire bouillir au bain-marie pendant un quart d'heure.

217. — Prendre une grande tasse de thé, mêlée à un quart de rhum ; renouveler le thé ; se mettre au lit et se bien couvrir ; changer de chemise.

218. — Prendre un litre d'eau-de-vie, y mettre 30 gr. de camphre, 7 clous de girofle, 5 centimes de coriandre, un tiers de noix muscade, 5 centimes de cannelle, un peu d'écorce d'orange et faire infuser. Remède très-bon aussi pour une indigestion, les soulèvements de cœur et la bile ; en mettre quatre ou six gouttes sur du sucre ; ou bien quatre gouttes d'esprit de camphre sur du sucre.

219. — Faire infuser quatre gousses d'ail dans deux litres d'eau-de-vie ; en boire quatre petits verres ou même plus. S'en frotter les mains le matin.

220. — Faire bouillir une pincée de piloselle dans un verre d'eau et un verre de lait ; le boire : ceci arrête les vomissements ; très-bon.

221. — Contre la cholérine : 20 centimes de bon cognac, 5 centimes de poivre, 10 centimes d'huile d'olive ; bien battre avec une fourchette, et boire.

222. — Exprimer le jus d'une orange, en faire boire par cuillerées à café ; tenir sur l'estomac des bouteilles d'eau chaude, ou des briques bien chaudes vinaigrées, et frictionner ; ne rien donner à manger pendant quarante-huit heures.

223. — Contre la cholérine : Faire infuser deux feuilles de figuier dans deux tasses de thé pendant dix minutes ; le bien sucrer ; une cuillerée à café d'eau-de-vie dans une tasse.

224. — Frotter la personne avec des petites orties jusqu'à guérison.

225. — Prendre un litre de vinaigre ; y mettre gros comme un haricot de chaux hydraulique ; bien remuer ; prendre une cuillerée à bouche, d'heure en heure ; le mettre dans un verre d'eau et boire.

226. — Faire griller 125 gr. de riz ; le réduire en poudre ;

le mettre dans un demi-litre d'eau-de-vie, y ajouter du rhum, et boire d'un trait.

227. — Un demi-verre d'eau-de-vie; un demi-verre d'huile d'olive et du sel. A prendre en lavement.

228. — Nous recommandons cette recette : Ecorce de simarouba, 10 gr; racine d'aunée, 16 gr.; racine de roseau odorant 16 gr.; racine d'angélique, 16 gr.; racine de gentiane, 16 gr. Couper les racines et l'écorce en petits morceaux, mettre le tout dans un litre de bon genièvre de grains de Hollande (liqueur); laisser infuser douze jours dans un lieu médiocrement chaud. Décanter alors la liqueur; boucher fortement la bouteille; la placer dans un endroit sec; elle se gardera plusieurs années sans perdre de sa vertu. Emploi : Dès que le choléra se déclare par les coliques, les vomissements ou par les crampes, ne pas laisser le mal s'aggraver : 1° pour les enfants au-dessous de douze ans, le tiers d'un verre à liqueur; 2° pour un adulte, la moitié d'un verre à liqueur, et on peut réitérer si le malade le rejette; on en redonne aussi si les vomissements sont peu fréquents. On peut réitérer après l'intervalle d'une demi-heure; on doit refuser au malade toute autre boisson. Quand on aura fini d'en donner, on peut lui faire boire un demi-verre d'infusion de sauge, de menthe ou de mélissse, jusqu'à ce que l'altération ait disparu ; on obtiendra ce résultat en moins de deux heures : alors le malade est hors de danger. On peut se servir de la même liqueur pour les coliques et les maux d'estomac; si le malade est froid, lui mettre des cruches chaudes ou de la moutarde délayée aux pieds.

Coliques.

229. — Pour guérir les coliques d'une femme en couche, le troisième jour et les jours suivants, mettre bouillir deux oignons découpés dans un verre d'eau environ, et faire boire cette eau. — Ou faire cuire 2 centimètres de chair sèche de serpent et boire le bouillon. Remède infaillible..

230. — Boire la valeur d'un verre à liqueur plein d'eau, dans laquelle on a mis trois gouttes de laudanum.

231. — Boire en une seule fois 30 gr. d'huile d'amandes douces dans laquelle on a mêlé pour 10 centimes d'eau de fleur d'oranger et pour 10 centimes de sucre.

232. — Prendre une cuillerée de farine blanche dans un verre d'eau.

233. — Battre ensemble la glaire d'un œuf, de l'eau de fleur d'oranger et de l'huile d'olive en quantités égales; sucrer et boire.

234. — Ecraser une huitaine de feuilles de grande joubarbe et en boire le jus.

235. — Faire dissoudre 4 gr. de tabac dans de l'eau, en faire un lavement. Pour les coliques dites de *miséréré*.

236. — Pour le *miséréré* et le choléra, mélanger ensemble deux cuillerées de lait de chèvre, deux cuillerées de sucre pilé, deux cuillerées d'eau-de-vie, deux cuillerées d'huile d'olive; bien battre, et boire. La moitié suffit pour un enfant.

237. — Battre ensemble un demi-verre de cassis et un demi-verre d'huile d'olive, et boire.

238. — Pulvériser une pipe culottée et délayer un huitième de cette poussière dans de l'huile d'olive ou de noix. — Ou faire bouillir le culot, et boire.

239. — Pour une indigestion, boire un demi-verre de vin dans lequel on a mis cinq gouttes d'alcali.

240. — Prendre 40 gr. d'huile de ricin dans du bouillon.

241. — Faire bouillir trois limaces dans un verre d'eau, et boire.

242. — Faire cuire des noyaux d'amandes, les piler dans du lait, et boire.

243. — Faire une boisson avec neuf zestes de noix qu'on fait bouillir dans deux verres de vin jusqu'à réduction de moitié.

244. — Boire une infusion de petite sauge dans laquelle on a mis du miel et deux cuillerées d'huile d'olive.

245. — Prendre un couvercle de marmite chaud, l'envelopper dans un linge et le mettre sur le ventre.

246. — Râper un marron d'Inde; mettre la raclure dans un verre de vin bouillant, et boire.

247. — Faire bouillir une demi-bouteille de vin vieux dans laquelle on aura mis deux poignées de sel de cuisine.

248. — Manger trois feuilles d'ortie.

249. — Boire un verre d'eau-de-vie dans lequel on aura battu le jaune d'un œuf frais.

250. — Pour les jeunes personnes, faire sécher au soleil de la deuxième écorce de bois de houx, réduire en poudre et en mettre une pincée dans un quart de verre de vin. — Faire mâcher de la graine de houx aux petits enfants pour leur faire percer les dents. — Aux enfants, donner une cuillerée d'eau de fleur d'oranger.

251. — Battre ensemble une cuillerée d'eau, une cuillerée de sucre pilé et une cuillerée d'huile d'olive, et boire.

252. — Mettre deux prises de poussière raclée d'une pipe culottée dans une cuillerée d'huile d'olive, et boire.

253. Boire une infusion de mauve dans laquelle on a mis un quart de lait, avec parties égales d'huile d'olive et de vinaigre, et une pincée de poivre.

254. — Infusion de graine rouge d'aubépine.

255. — Boire un litre d'eau dans lequel on a mis pour 25 centimes d'alcool de menthe. — Ou faire rôtir une croûte de pain, la faire tremper dans l'eau, et boire de suite.

256. — Faire cuire du son dans un chaudron, y mettre un filet de vinaigre et l'appliquer sur le ventre.

257. — 25 centimes d'absinthe, autant d'huile d'olive, trois bonnes pincées de poivre; bien délayer, et boire d'un seul trait.

258. — Prendre de la graine de lilas avec des feuilles de plantain dans un litre d'eau; faire bouillir et réduire à moitié; boire.

259. — Faire des infusions avec de la fleur de genêt. Cela est également bon pour l'enflure.

260. — Râper un marron d'Inde dans un verre d'eau-de-vie, et boire.

261. — Contre les coliques de plomb, 15 centimes de cognac, 10 centimes d'huile d'olive, une petite prise de plomb; battre le mélange et le boire.

262. — Mettre quatre gouttes de jus de poireau dans l'oreille.

Constipation.

263. — Mélanger deux doigts d'huile d'olive, un filet de vinaigre, trois graines de poivre pilé, et boire.

264. — Tremper un mouchoir dans le vinaigre et le mordre.

265. — Mettre dans un pot une demi-livre de veau, un paquet de sel guindré, un paquet de chiendent, une poignée de chicorée sauvage, deux cuillerées à café de poudre de réglisse avec un litre et demi d'eau; faire bouillir, et boire à jeun. Renouveler pendant six jours ce remède qui, en dehors de son emploi spécial, est très-bon pour l'estomac.

266. — Concasser des graines de courge, les faire bouillir et en boire l'infusion.

267. — Prendre pour un litre d'eau une poignée de son, une pincée de racine de salsepareille, une pincée de racine de chiendent, une pincée de guimauve, de bois de réglisse, de feuilles et de fleurs de mauve; faire bouillir les racines et laisser infuser les feuilles; boire à jeun de trois à quatre verres.

268. — Prendre 60 gr. ou plus, selon le cas, de sel d'Epsom dans un quart de litre d'eau; le faire dissoudre; le boire d'un trait; puis, prendre une légère infusion de thé.

269. — Faire infuser 5 gr. de séné dans un demi-litre d'eau; mettre une cuillerée de ce liquide dans toutes les boissons (avoir soin d'en ôter les queues, elles donnent des coliques).

Convulsions.

270. — Faire tremper de la verge d'or pendant vingt heures; faire bouillir; sucrer avec du sucre candi, et boire.

271. — Faire dissoudre une cuillerée de sel dans deux

cuillerées du lait d'une autre femme que celle qui nourrit l'enfant.

272. — Faire boire du jus de séneçon sucré.

273. — Prendre la valeur d'un dé rempli de sel, en faire une poupée plate et la placer sur la tête de l'enfant, que l'on endort ensuite.
Ou mieux, pour guérir les convulsions des enfants, piler quatre têtes de grande joubarbe, en extraire le jus, ajouter une cuillerée à bouche d'eau de fleur d'oranger, faire boire. et donner ensuite un lavement d'huile de ricin. — Si l'on veut se servir de cette recette pour une grande personne atteinte d'épilepsie, piler dix têtes de grande joubarbe; y ajouter du jus de pourpier et de la laitue, et en faire boire tous les jours un verre après qu'on y a ajouté dix gouttes de jus de feuilles de laurier-cerise.

274. — Faire boire de l'urine d'enfant à l'enfant malade.

275. — Faire boire une demi-cuillerée de jus de la grande joubarbe.

276. — Faire boire de l'eau où a bouilli du séneçon.

277. — Mettre dans la bouche de l'enfant un grain de sel.

278. — Extraire deux gouttes de jus d'ail, les mettre dans une cuillerée à café d'absinthe, et boire.

279. — Faire brûler de l'eau-de-vie avec du sucre, la couper avec de l'huile d'amandes douces; en boire une cuillerée à café.

280. — Mettre du sel gris dans la bouche et des sinapismes aux jambes.

Coqueluche.

281. — Ecraser un paquet de radis roses, en extraire le jus; ajouter poids égal de sucre candi; bien piler et battre avec le jus pour en faire un sirop; en faire boire une cuillerée le matin, à midi et le soir; deux cuillerées pour les grandes personnes, avec mêmes intervalles.

282. — Ecraser du cresson, en extraire le jus; ajouter

poids égal de sucre; bien battre; en boire matin et soir une cuillerée.

283. — Faire bouillir dans une tasse d'eau trois grains de cochenille; boire en plusieurs fois.

284. — Faire cuire un oignon blanc dans les cendres; le réduire en confiture; le faire manger.

285. — Faire boire de l'eau d'un seau, après qu'un cheval y a bu.

286. — Gomme arabique, lierre terrestre, coquelicot; infuser, passer et faire bouillir avec du sucre candi; couper avec du lait et boire.

287. — Faire infuser de la fleur de noyer dans du lait; boire.

288. — Faire boire des infusions faites avec de la fleur de violette, coupées avec du café, moitié l'un et moitié l'autre.

289. — Mettre sur la poitrine des cloportes contenus dans un sac.

290. — Prendre cent cloportes vivants, 30 gr. de lichen pixidatus, 15. gr. de quinquina jaune concassé, 8 gr. d'iris de Florence. Faire bouillir ensemble toutes ces substances dans une chopine d'eau; passer et ajouter une livre de sucre, de manière à faire un sirop d'une consistance convenable. Donner une cuillerée à café quatre fois par jour, une heure avant le repas.

291. — Faire fondre la moitié d'une chandelle de 5 centimes dans un quart de litre de lait; sucrer et faire boire à l'enfant; lorsque la toux doit le prendre, faire fondre l'autre moitié de la chandelle sur du papier gris, l'appliquer sur le ventre et l'y laisser pendant vingt-quatre heures.

292. — Écraser plusieurs gousses d'ail et bien les mêler à de la graisse blanche mâle; frictionner avec cette pommade les reins; entre les épaules, appliquer un cataplasme large comme la main et le laisser pendant six heures.

293. — Infusion de racine d'oseille sauvage, de chiendent et de camomille.

294. — Faire tremper une miche dans de l'eau; extraire l'eau qu'elle contient; sucrer cette eau et la donner en boisson.

295. — Porter l'enfant dans une usine à gaz, lui en faire respirer les émanations; l'y conduire trois fois.

296. — Partager une rave, y faire un creux; y mettre de la cassonade qu'on laisse dissoudre, et faire boire à l'enfant; renouveler trois fois.

297. — Extraire du jus d'ortie; le sucrer; en faire boire plusieurs fois.

298. — Ecraser un paquet de radis roses, en extraire le jus; y mettre le même poids de sucre candi pulvérisé; le dissoudre à froid; en faire boire quatre cuillerées par jour.

299. Une bonne prise de fleur de soufre dans la valeur de deux cuillerées à café de miel; prendre ces deux cuillerées en deux fois.

300. — Faire cuire un blanc de poireau, sucrer avec du sirop d'escargots; donner en boisson pendant huit jours.

301. — Faire boire un sirop composé de la manière suivante : Découper de petites raves dans un bol, y mettre du sucre, et laisser deux nuits au serein.

Cors aux pieds.

302. — Prendre une poignée de rue, une poignée d'absinthe, une poignée de chélidoine; les piler dans un mortier; en extraire le jus en les pressant dans un linge, mettre ce jus dans un pot verni; y ajouter une poignée de sel pilé, deux cuillerées de fort vinaigre; mêler le tout ensemble. — Quand on voudra s'en servir, on frottera les cors avec ce jus, après les avoir ramollis dans de l'eau tiède.

303. — Pour raffermir les pieds, battre un blanc d'œuf dans un petit verre d'eau-de-vie et s'en frotter.

304. — Mettre gros comme un pois de chaux vive sur le cor, et humecter; le cor sera ainsi brûlé. — Même remède pour les verrues. — Ou appliquer dessus des tomates.

305. — Prenez des feuilles de grande joubarbe et

frottez-en bien le cor; ensuite levez la peau d'une autre feuille écrasée et appliquez-la dessus pendant cinq jours. Il faut enlever le cor, autrement la douleur revient.

306. — Faire tremper des bourgeons de sureau dans de fort vinaigre et faire des applications pendant plusieurs jours. — Ou tremper un linge dans de fort vinaigre et l'appliquer pendant deux jours. — Ou mettre du beurre frais pendant huit jours, matin et soir.

307. — Faire dissoudre de la couperose dans de l'eau, en imbiber un chiffon et l'appliquer dessus. — Ou bien tremper de l'écorce de citron dans de fort vinaigre et appliquer, afin qu'on puisse enlever le cor.

308. — Faire cuire de l'alun de roche dans un pot neuf de fer-blanc, sans eau, dans un four ; gratter le tour du cor ; y mettre de la salive et une pincée d'alun pulvérisé, jusqu'à guérison. — De même pour faire disparaître les *envies*.

309. — Prendre une tranche de citron, la saler des deux côtés et l'appliquer, après avoir pris un bain de mauve.

310. — Autre recette excellente pour les cors, enflures, brûlures, écorchures, coupures : 30 gr. de camphre, 30 gr. de cire vierge, 30 gr. de beurre frais, 55 gr. d'huile d'olive; faire fondre le tout ensemble au bain-marie et tirer au clair pour s'en servir. — Ou mâcher de la réglisse noire et la mettre dessus.

311. — Prendre de l'acétate de cuivre et de la résine blanche, en faire un onguent avec de l'huile d'olive et en mettre sur le cor.

312. — Prendre de la fécule et en faire des cataplasmes, après avoir lavé et coupé le cor et l'avoir ramolli avec du sel.

313. — Prendre un oignon rouge, le faire cuire dans la braise après l'avoir mis dans du papier ; le faire griller sur une pelle rouge ; l'arroser avec de fort vinaigre et l'appliquer. — Ou mettre sur le cor la peau d'une grenouille.

314. — Ecraser de l'herbe de charpentier et en mettre dessus. — Bon également pour les verrues.

315. — Mettre de la chandelle sur de la mousseline et appliquer; laisser pourrir.

316. — Un moyen bien simple : couper les cors à la fin de la lune, trois ou quatre fois à la même époque ; les cors s'en vont sans douleur. — Ou appliquer du diachylum pendant six jours, et ensuite de l'alcool camphré.

317. — Mettre de la poudre de safran dans du vin et faire des applications qu'on laissera pendant trois jours. — Ou se servir d'amadou trempé dans de l'esprit-de-vin que l'on place entre les doigts des pieds.

318. — Faire tremper de la racine de fraisier dans de fort vinaigre et faire des applications.

319. — Faire bouillir dans un pot neuf, pendant un quart d'heure, 125 gr. de cire neuve, 125 gr. de poix-résine, 125 gr. de térébenthine, 125 gr. de beurre frais. Appliquer sur le cor.

320. — Couper le cor et mettre dessus gros comme un petit pois de potasse caustique délayée dans du vinaigre ; empêcher la potasse de couler sur les bords en entourant le cor de diachylum.

321. — Faire brûler au-dessus du cor, sans se faire de mal, le phosphore d'une allumette en cire ; appliquer du jus de feuilles de bardane, après avoir pris un bain. — Bon également pour les verrues.

322. — Prendre une bouchée de pain blanc, bien la mâcher ; verser dessus sept ou huit gouttes de vinaigre ; bien mêler et appliquer pendant cinq jours, matin et soir. On peut ensuite arracher le cor.

323. — Faire tremper des feuilles de lierre terrestre dans du vinaigre ; appliquer pendant six jours et arracher le cor.

324. — Grande joubarbe, lierre terrestre en parties égales, avec de la poix de cordonnier ; faire bouillir ; mettre de cet onguent bien chaud sur le cor, le laisser huit jours.

225. — Racler de l'écorce de noix vertes ; appliquer pendant le jour.

326. — Mettre des queues de poireaux dans du vinaigre ; les y laisser vingt-quatre heures et les placer sur le cor, trois fois par jour.

327. — Prendre de la suie collée contre la paroi des che-

minées; la broyer; la délayer avec de l'huile d'olive et de l'huile de chanvre; appliquer pendant six jours; porter des chaussettes de fil.

328. — Couperose gros comme une noisette; mettre dans un petit verre d'eau de rivière; laisser infuser vingt-quatre heures, vider l'eau doucement; mettre le dépôt sur un linge et l'appliquer, deux fois par jour, pendant trois jours.

329. — Prendre du diachylum percé d'un trou de la grandeur du cor; le faire chauffer à la lampe, et l'appliquer; délayer de la farine avec de fort vinaigre, et en mettre tous les jours, pendant six jours, sur le cor, que l'on peut arracher après.

Cou (Mal de).

330. — Mettre de la cendre chaude dans un bas de laine et placer le bas autour du cou.

331. — Mettre du poivre dans un linge, l'arroser avec de l'eau-de-vie, et se l'appliquer autour du cou.

Coups.

332. — Faire des compresses avec du jus extrait de feuilles de chou pilées, saupoudrées de sel fin et arrosées d'huile.

333. — Compresses d'arnica.

334. — Compresses d'eau sédative.

335. — Compresses de pain mâché.

336. — Compresses avec une poignée de poireaux pilés dont on a extrait le jus.

337. — Compresses de miel.

338. — Compresses de pierre pilée et de sel fin arrosées d'eau-de-vie.

339. — Faire cuire des racines d'ortie entre deux plats sur la braise; mettre sur le mal, en compresse, entre deux linges. Renouveler plusieurs fois.

340. — Remède infaillible contre les meurtrissures : Pren-

dre du blanc de zinc en pierre; le placer sur une assiette et le laisser deux ou trois heures dans un four; le réduire ensuite en poudre très-fine que l'on met dans une boîte. Quand on veut s'en servir, on en met 3 gr. dans une bouteille d'eau. Bien boucher, bien remuer et appliquer sur le mal deux fois par jour, en ayant soin de rapprocher les chairs, si elles sont entamées.

341. — Pour une contusion dans le corps : prendre de la racine de grande consoude ; après l'avoir raclée, la piler et la faire bouillir. En boire des infusions deux heures après le repas.

342. — Pour faire percer une tumeur : faire plusieurs applications de vers de terre.

343. — Prenez des feuilles et sommités d'absinthe, d'hysope, de menthe, d'origan, de romarin, de sauge, de thym, des fleurs de lavande, de mélisse, en parties égales; faire macérer pendant quatre jours dans un vase clos, 120 gr. de ces plantes sèches dans deux litres de vin rouge et 60 gr. d'eau vulnéraire spiritueuse ; tremper des linges et les appliquer.

344. — Piler de la mille-feuilles avec du camphre et arroser avec de l'huile camphrée, en compresses; boire de la tisane de mille-feuilles.

345. — Si l'on crache le sang, découper une pelote de soie bien menue, la délayer dans un verre de vin, et boire.

346. — Exposer la partie contuse à la fumée de l'huile brûlée sur des charbons ardents, et l'envelopper avec du plantain écrasé.

347. — Râper de la racine de vigne vierge, et appliquer.

348. — Prendre de la fiente de poule, la mettre dans une bouteille remplie de vin blanc; bien secouer la bouteille; laisser déposer vingt-quatre heures et tirer au clair; en boire un verre de deux heures en deux heures.

349. — Un litre d'eau, deux tiges d'orpin, deux paquets d'aigremoine, deux paquets de saponaire, deux paquets d'ache, deux paquets d'éclaire, deux paquets de grande consoude; ajouter du basilic; faire bouillir le tout quatre heures dans un pot de terre neuf; ajouter dix grains de

sel; se frotter avec le mélange, qui est excellent pour les névralgies.

350. — Pour un coup qui ne devient pas noir : appliquer de la rouelle de veau.

351. — Pour un coup ancien faire bouillir de la fleur de sureau dans du petit-lait, ou du lait, à défaut; en appliquer plusieurs fois ; bon pour un érysipèle.

352. — Pour une écrasure : faire infuser dans une petite bouteille de la balsamine; appliquer le liquide.

353. — Prendre 30 gr. de séné, 30 gr. de poivre blanc ; délayer avec deux blancs d'œufs, et appliquer.

354. — Contre un coup intérieur : faire infuser une poignée de l'herbe appelée agripaume dans un litre de vin blanc; en boire un petit verre à jeun, jusqu'à guérison.

Coups d'air.

355. — Faire tremper des bourgeons d'ortie piquante dans de l'huile d'olive; en imbiber du coton et se le mettre dans les oreilles.

356. — Faire fondre au bain-marie 33 gr. de beurre frais dans deux cuillerées d'eau de roses, et s'en frotter.

357. — Disposer du papier en cône, mettre le petit bout dans l'oreille et allumer un papier devant l'orifice; de même avec un arrosoir ou un entonnoir : la chaleur du papier attire la fraîcheur de la tête. Bon pour un coup d'air qui n'a pas plus de cinq heures.

358. — Se mettre à chaque oreille un oignon blanc cuit dans les cendres, dont on a enlevé le cœur, à la place duquel on a mis la valeur d'un dé de poudre. — Ou un oignon rouge cuit dans les cendres.

359. — Faire une crêpe (*matefin*), avec de la graisse blanche, un œuf frais, une cuillerée de farine rose, un blanc de poireau coupé bien menu, le tout bien délayé, et appliquer. Renouveler trois fois, en faisant réchauffer le même matefin. Mettre du coton cardé sur le mal.

360. — Fumigations avec de la fleur de sureau, en ayant soin de se bien couvrir la tête avec une couverture de laine.

361. — Mettre une goutte d'huile d'olive chaude sur du coton et l'introduire dans l'oreille.

362. — Faire des fumigations de sauge et de petite absinthe en parties égales, et se coucher après. Bon pour les dents.

363. — Faire bouillir un pot d'eau, boucher le pot avec un linge plié en quatre ; mettre l'oreille dessus et rester ainsi tant que l'eau conserve une grande chaleur.

364. — Prendre du vinaigre bien chaud, y tremper du coton que l'on s'applique sur l'oreille; tenir un fer bien chaud sur le coton pour entretenir la chaleur.

Coups de soleil.

365. — Prendre de l'herbe de sirpe, la piler, la mettre sur une pelle rouge et l'arroser de vinaigre; en faire respirer les émanations. Si l'on ne pouvait supporter cette médication, faire une compresse et la placer sur le front ou sur la tête.

Coupures.

366. — Hacher de la chélidoine et en faire des applications ; on peut aussi mettre sur le mal du miel ou du sucre.

367. — Écraser de la racine de grande consoude, en mettre sur la coupure, qui est guérie deux heures après.

368. — Approcher de la bouche, si cela est possible, la partie atteinte et aspirer plusieurs fois le sang, en crachant chaque fois.

369. — Mettre sur la coupure du jus de mille-feuilles.

370. — Arrêter le sang de la coupure ; écraser des orties et boire deux verres de ce jus.

371. — Contre coupures, écorchures et blessures : mettre dans un vase de la contenance d'un litre, de la lavande hachée, du romarin et de la verveine des Indes ou du pays; remplir d'eau-de-vie et laisser infuser; appliquer sur le mal. Guérison en vingt heures.

372. — Faire bouillir des feuilles de noyer dans du vin ; laver la coupure quand le vin est tiède. Guérison infaillible.

373. — Écraser de la petite consoude entre deux linges; ajouter pour 5 centimes de térébenthine, un jaune d'œuf, et battre dans de l'huile d'olive.

374. — Faire infuser du baume de la Mecque dans un litre d'eau-de-vie. Une application réunit très-bien les chairs coupées. — Un petit verre de cette préparation guérit très-bien les coliques.

375. — Prendre un œuf, le faire cuire, en retirer la pellicule adhérente à la coquille et l'appliquer sur la coupure après avoir réuni et lié les chairs.

376. — Appliquer de l'herbe de stachys laineuse.

377. — Faire brûler la mâchoire inférieure d'un porc, la pulvériser ; mettre de l'huile d'olive sur la coupure et une pincée de cette poudre; humecter ensuite une compresse avec de l'huile d'olive.

378. — Ramasser les petites pommes qui poussent sur les feuilles d'orme ; les faire infuser dans l'eau, une poignée dans un litre d'eau, et appliquer.

379. — Faire brûler une patte bien graissée, y mettre le feu; pendant qu'elle brûle, mettre au-dessus la coupure, la fumée arrête le sang.

380. — Faire brûler un chiffon bien gras, exposer la coupure au-dessus de la fumée; le sang s'arrête; laisser saigner auparavant.

381. — Ramasser les petites pommes qui poussent sur les feuilles du bois d'orme; les faire infuser, soit une poignée pour un litre d'eau, et en faire des compresses.

382. — Faire tremper de la lavande dans de l'eau-de-vie et appliquer.

383. — Extraire le jus du géranium, et l'appliquer.

384. — Écraser des orties avec du lard rance, et appliquer.

385. — Couronne : mettre dans un vase, parties égales d'eau-de-vie, de vinaigre, et du sel gris autant que l'on pourra en dissoudre ; bien agiter le liquide, le laisser déposer ; puis le mettre en bouteille ; faire avec des compresses à placer d'heure en heure.

386. — Coupure d'une artère : le sang vient par bouffées en pulsations ; il est beau et rouge, tandis que celui de la veine tire sur le noir.
Arrêter le sang par la pression du doigt jusqu'à l'arrivée d'un médecin.
Pour arrêter le sang des veines, y mettre de la toile d'araignée, de l'amadou ou des cendres de toile brûlée.

387. — Pour les coupures, écraser du séneçon et l'appliquer pendant quatre jours.

Crachement de sang.

388. — Faire un sirop avec des feuilles fraîches de plantain, des feuilles de grande consoude pilées et du sucre. En boire souvent.

389. — Prendre du suc de feuilles de saule, de l'espèce de celles qui sont cotonneuses en dessous, et le boire.

390. — Faire des infusions avec de la sauge, en boire pendant cinq jours.

391. — Faire une décoction avec de la racine de grande consoude, 20 gr. pour une tasse, dans un pot de terre ; laisser peu bouillir ; en boire quatre fois.
Mettre deux fleurs entières de marronnier d'Inde dans un litre de vin blanc ; le boire.

Crevasses.

392. — Pour les mains, le soir avant de se coucher, faire mousser du savon blanc dans lequel on aura mis quelques gouttes de vinaigre, et bien s'en frotter les mains, que l'on fait ensuite sécher auprès du feu.

393. — Se frictionner avec de la graisse de poulet, de la pommade de concombre, ou se laver avec de la mie de pain.

394. — Délayer du miel et de la pâte d'amandes dans de l'eau-de-vie et s'en frotter, après s'être lavé les mains. — Ou se laver avec du bouillon de tripes.

395. — Se frotter avec la graisse d'un mouton entier.

396. — Faire fondre ensemble 30 gr. de cire vierge, 30 gr. d'huile d'olive, 30 gr. de blanc de baleine, 30 gr. de miel, et s'en frotter les mains.

397. — Se laver au savon; se frictionner avec de l'eau sédative et ensuite avec de la pommade camphrée.

398. — Faire une pommade avec du savon blanc râpé, de la cire vierge blanche et de l'huile d'olive; chauffer le tout sur une carte, à la lampe; s'en frotter.

Crevasses des seins.

399. — Frotter les seins avec de l'huile d'amandes douces.

400. — Prendre dans une boucherie des boyaux d'une brebis; faire couler les crottins; les faire griller avec du saindoux, en mettre dessus.

401. — Pour guérir les crevasses au sein, se procurer de l'huile d'œufs et en passer dessus avec une plume.

402. — Pour les crevasses et gerçures au sein : creuser de la racine de consoude en forme de dé et introduire le mamelon dans la cavité, de manière que la paroi intérieure s'applique sur le mal.

403. — Avec un pinceau, couvrir les fissures ou gerçures d'un liminent fait avec 2 gr. d'huile de cade (genevrier); 4 gr. d'huile d'amandes, et 30 gr. de glycérine, ou, à défaut, de graisse de porc. Faire chauffer légèrement avant de s'en servir.

Croup.

404. — Donner à l'enfant une cuillerée de sel gris, sans le piler, et mettre de la moutarde aux pieds.

405. — Prendre la fiente blanche d'un chien, bien l'écraser; découper le blanc d'un poireau et un jaune d'œuf; battre ensemble et faire des applications au devant du cou.

406. — Ou mettre une prise de ladite fiente dans une cuillère à café, et la faire avaler à l'enfant.

407. — Ou faire chauffer du sel gris et l'appliquer sur le cou du malade. — Bon également pour une esquinancie; — ou donner une ou deux cuillerées à café d'élixir de la Grande-Chartreuse pour provoquer les vomissements; — ou mettre sur le cou un cataplasme de fiente de chien (blanche), mêlée avec de la graisse blanche mâle.

408. — Lorsqu'on aperçoit des plaques couenneuses dans la partie visible de l'intérieur de la bouche, faire prendre d'heure en heure, la nuit et le jour, une cuillerée à bouche, chaque fois, d'eau sucrée (la valeur d'un verre), dans laquelle on a battu un blanc d'œuf. — Pour boisson, battre un œuf frais, le blanc et le jaune, dans un litre d'eau tiède sucrée; faire boire à volonté. — Sous l'influence de ces moyens, après deux ou trois jours, les symptômes de l'affection disparaissent. Prendre de gros vers de terre, au moment de la rosée du matin, en faire un cataplasme épais et l'appliquer autour du cou.

409. — Mettre dans un verre d'eau quatre cloportes (rats-de-cave), passer, et faire boire; faire boire l'urine de l'enfant, lui donner une cuillerée de sel, lui nettoyer la gorge avec un poireau trempé dans de l'huile d'olive.

410. — Une cuillerée à café de fleur de soufre, délayée dans une tasse d'eau; faire boire; compresse d'alcool camphré autour du cou; renouveler toutes les heures.

411. — Dans un quart de verre de vin, mettre une pincée de sel; le faire boire, ou faire boire deux cuillerées de jus de mouron.

412. — Pour enfant, une cuillerée à café de fleur de soufre dans un demi-litre d'eau; en boire une cuillerée à café d'heure en heure. Pour une grande personne qui tousse, trois cuillerées par jour : matin, midi et soir.

CHAPITRE IV

Dartres.

413. — Prendre pour 10 centimes de potasse commune, la mettre dans deux litres d'eau et en laver légèrement la dartre le soir avec les barbes d'une plume.

414. — Faire infuser une noix verte dans un demi-verre d'eau pendant huit jours; en laver le mal.

415. — Se bassiner avec de l'urine de vache jusqu'à guérison, et en tenir des compresses pendant toute la nuit. — Remède excellent.

416. — Prendre des infusions de scorsonère sauvage.

417. — Prendre pour 25 centimes de soufre que l'on fait fondre dans un vase et dont on enduit une grosse mèche de coton longue de 20 centimètres; prendre ensuite cette mèche avec des pinces et la faire brûler en laissant couler le soufre dans 125 gr. d'huile d'olive, et bien se graisser avec les barbes d'une plume. Ce remède est également bon contre les brûlures et les coupures.

418. — Pour guérir les dartres farineuses, rouler un papier; en faire brûler un autre à l'orifice de celui qui est roulé; se frotter avec la partie intérieure de ce dernier, qui a livré passage à la fumée.

419. — Faire saigner les oreilles, le premier vendredi de la lune, surtout du côté où se trouve la dartre : cela change le sang; de stérile, on devient fécond.

420. — Faire dissoudre de la cire vierge dans de l'huile

d'olive, à parties égales, au bain-marie. Applications sur le mal.

421. — Prendre de la grande joubarbe, la faire tremper dans du vinaigre, et s'en frotter.

422. — Écraser des côtes de blette, en extraire le jus et s'en frotter. Remède également bon pour les maux de nez.

423. — Mêler un blanc d'œuf avec de la farine de seigle, bien pétrir, et appliquer seulement sur l'endroit où est le mal.

424. — Faire bouillir une poignée de feuilles de lierre dans un litre de bon vin jusqu'à réduction d'un verre, et se frictionner avec ce liquide.

425. — Faire deux petits cornets avec du papier à écrire, les faire brûler en les tenant suspendus par un fil de fer ; ramasser le résidu, qu'on applique sur le mal.

426. — Faire cuire dans de la graisse blanche du pissenlit, de la fumeterre, des fleurs de scabieuse, du cerfeuil, du cresson de fontaine et de la chélidoine, s'en frotter, et boire de la tisane purgative.

427. — Pour une dartre au nez, faire dissoudre dans un litre d'eau une pierre de chaux de la grosseur du poing ; prendre quatre cuillerées de cette eau et deux cuillerées d'huile de noix ; battre jusqu'à consistance et bassiner la dartre avec un linge trempé dans ce liquide ; en mettre une compresse la nuit.

428. — Pour guérir les boutons à la figure ou dartres, boire des infusions de fumeterre pendant deux mois et prendre des bains sulfureux.

429. — Pour les dartres et la teigne, se frotter avec un mélange d'alun de roche pulvérisé, de fleur de soufre et de graisse blanche, cuit au bain-marie. Tisane de feuilles de noyer et de douce-amère.

430. — Se frotter avec de la suie de bois et de la cendre de pipe battues dans du vinaigre.

431. — Faire fondre 500 gr. de graisse blanche dans un pot neuf, y ajouter 100 gr. de térébenthine de Venise et faire bouillir de nouveau ; ôter du feu et mettre trois blancs d'œufs en remuant ; enlever l'écume, et faire des applications.

432. — Une livre et demie de litharge d'or, une demi-livre d'huile d'olive, 5 centimes de soufre en bâton, qu'on réduit en poudre, une pincée de sel ordinaire; mettre le tout ensemble dans un pot neuf pendant vingt-quatre heures; le remuer quatre fois par jour; il faut se frotter trois fois par jour, légèrement, avec une plume trempée dans le mélange.

433. — Prendre de la racine de blette, la faire bouillir dans un pot, et faire des fumigations jusqu'à guérison.

434. — Écraser des oignons rouges et de l'herbe de la Rue; appliquer.

435. — Délayer du miel avec de la suie de cheminée et se frotter avec.

436. — Faire fondre pour 10 centimes de saindoux au bain-marie, y ajouter 10 centimes de soufre, 10 centimes d'alun de roche et se frictionner. Très-bon pour les crevasses.

437. — Écraser de la grande joubarbe avec de l'huile d'olive et de l'eau-de-vie; battre le tout et appliquer.

438. — Faire infuser une pierre de chaux vive dans de l'huile d'olive; en appliquer légèrement.

439. — Se frotter avec de l'huile de blé; on l'obtient en faisant griller du blé entre deux plats; la fumée se transforme en huile.

440. — 10 centimes de couperose dans un quart de litre d'eau de puits, du poivre et du sel; se frictionner six fois.

441. — Dans un demi-litre d'eau, mettre une pierre de vitriol et humecter la dartre.

442. — Faire tremper un œuf frais dans du vinaigre vingt-quatre heures et se frotter avec.

443. — Prendre du fumier condensé dans un récipient, y mettre du sel de cuisine; faire dissoudre le tout dans de l'eau-de-vie, en mettre 100 gr. dans 300 gr. de goudron de Norwége, et délayer jusqu'à ce que le mélange puisse s'étendre avec une plume.

444. — Humecter les cendres d'une pipe avec sa salive et s'en frictionner.

445. — Prendre du beurre de fin mai et de la pommade camphrée par égales parties ; faire bouillir au bain-marie, et bien s'en frotter.

446. — Faire brûler de grandes coquilles d'huîtres, les pulvériser; délayer avec du beurre frais et s'en frotter.

447. — Faire fondre du saindoux d'un porc mâle avec du sel, au bain-marie ; se frictionner.

448. — Prendre des œufs punais, bien les délayer avec du bon cognac; s'en frotter.

449. — Faire des applications de farine de pomme de terre.

450. — Prendre la deuxième écorce de l'aubépine (fleur blanche); la faire bouillir dans un petit pot avec de l'huile d'olive ; se frotter.

451. — Dartre au nez : cire vierge, huile d'olive, une chandelle ; faire fondre ; retirer la mèche ; se frotter.

452. — Pour une dartre naissante, se frotter avec une pommade composée d'huile d'olive et de cire jaune. Faire chauffer le tout ensemble sur une lampe.

453. — Faire bouillir de la deuxième écorce de bois d'orme dans de l'eau et se bassiner avec.

454. — Se procurer une pomme de coloquinte, de celle qui croit dans les haies; y faire un creux assez grand pour y mettre du sel et de la graisse blanche, qu'on laisse couler au-dessous par un trou que l'on fait avec une épingle. Recueillir cette pommade; en faire des frictions et des applications.

455. — Contre les dartres et les maladies de la peau, faire bouillir deux feuilles de grande laurelle avec une poignée de son dans un demi-litre d'eau, et en laver trois fois les parties malades.

456. — Mettre une poignée de sel dans du vinaigre fort et naturel et faire bouillir ; ajouter de l'eau et du vin, et faire rebouillir ensemble. Se frotter et appliquer en compresses.

457. — Faire une poupée avec 30 gr. de fleur de soufre, la tremper dans du vinaigre bien fort et se frictionner.

458. — Pour guérir le mal de nez ou une enflure, mettre

pendant trois jours une graine de muguet dans le nez, le soir en se couchant.

459. — Huile pour guérir les dartres : prendre une fiole que l'on perce au fond au moyen d'une lime ; y mettre un peu d'huile et la coucher ; faire ensuite des cornets de papier que l'on place à l'orifice de la fiole et auxquels on met le feu ; un courant d'air existant, la fumée passe par la fiole avec l'huile. On fait de légères frictions sur le mal. — Du coton imbibé de cette huile guérit le mal de dents.

Dégriser (pour).

460. — Faire boire une tasse de café avec deux pincées de sel pilé.

461. — Faire boire un verre de vinaigre ou de suc de chou.

462. — Pour empêcher de s'enivrer, manger sept ou huit amandes à jeun, ou manger des choux avant de boire.

Délire.

463. — Faire bouillir 30 gr. de genièvre dans un demi-litre de vin et le donner en boisson en deux ou trois fois. Boire à volonté de la tisane de fleurs pectorales.

Démangeaisons.

464. — Mettre dans un pot 9 litres d'eau, une poignée de bois de bouleau découpée et deux ou trois morceaux de chêne-vert, ces deux bois coupés au moment de la sève ; boire les infusions.

465. — Faire bouillir cinq minutes des racines de grand chardon, tête moyenne ; se bassiner avec.

466. — Pour la gale mal guérie : faire dissoudre de la fleur de soufre dans le jus de cresson ; bien battre ; prendre un bain et bien se frictionner avec le mélange.

Dents.

467. — Prendre du poivre, du sel, du vinaigre, de l'eau-de-vie, du tabac, du sucre ; tout mettre dans une cuillère

de fer et faire bouillir sur une lampe. Se mettre ensuite dans la bouche, gros comme un pois, de cette préparation qui fera cracher en abondance, et la salive entraînera les vers qui percent les dents.

468. — Faire bouillir une échalotte dans du vinaigre et se gargariser.

469. — Pour raffermir les dents, faire des infusions avec de la verge d'or (une poignée de feuilles ou de fleurs), et s'en gargariser matin et soir pendant huit jours.

470. — Tenir deux pots tout prêts : l'un rempli d'eau bouillante, l'autre vide. Prendre alors une cuillerée de jusquiame que l'on jette sur une pelle rouge ou sur des charbons ardents. Prendre le pot vide et le mettre au-dessus des graines qui brûlent jusqu'à leur entière combustion ; enlever ce pot et y verser l'eau bouillante contenue dans l'autre. Se pencher alors sur l'infusion brûlante et tenir dessus la bouche ouverte pendant une demi-heure, après s'être couvert la tête. Faire trois ou quatre fois ces fumigations.

471. — L'aspiration de vapeur de graines de genièvre fait mourir les vers.

472. — Faire bouillir sept ou huit feuilles de lierre montant dans un pot bien couvert, contenant un tiers de litre de vin. Découvrir le pot et recevoir la vapeur après s'être bien couvert la tête. Mâcher ensuite les feuilles et boire le vin ; se coucher et bien se couvrir. — Si l'on n'était pas guéri, prendre des oignons rouges, les écraser, les délayer dans de la farine de seigle, et appliquer sous la plante des pieds.

473. — Prendre du séneçon, en faire une infusion et se gargariser. Garder sur la dent, pendant six heures, le séneçon cuit. Ce remède est bon également en applications pour dissoudre une tumeur ou faire passer une douleur.

474. — Faire cuire de la chélidoine et une graine de genièvre et se gargariser.

475. — Mâcher de l'herbe de la Rue.

476. — Mettre un sinapisme de moutarde sur la joue, puis sur le cou et l'épaule.

477. — Écraser une gousse d'ail et l'appliquer pendant vingt-quatre heures autour de l'oreille, du côté opposé au mal.

478. — Préparer une poupée avec une pincée de suie de bois, une pincée de tabac à priser, une pincée de sel, une pincée de poivre, la tremper dans l'eau-de-vie et la tenir une heure sur la dent.

479. — Faire des fumigations, la tête couverte, avec une infusion bouillante, composée d'une tête de pavot et de mauve.

480. — Faire des fumigations de fleurs de sureau. Introduire dans l'oreille de la racine de valériane trempée dans de l'huile d'olive, 100 gr. de valériane pour une livre d'huile. — Bon pour la surdité.

481. — Prendre de la graine de houx et la faire mâcher aux enfants pour faire percer les gencives.

482. — Écraser un escargot et le mettre dans l'oreille. Renouveler quatre fois.

483. — Contre les nerfs des dents, prendre un œuf frais, le faire cuire pour enlever la pellicule, et envelopper le petit doigt du côté opposé à celui où est le mal.

484. — Contre les coups d'air, faire des fumigations avec de la sauge et de la petite absinthe.

485. — Pour arrêter la carie, se gargariser avec de la saumure de sel filtrée.

486. — Faire bouillir vingt-quatre feuilles de lierre montant et cinq grains de sel dans un verre de vin que l'on réduit à moitié, et se gargariser.

487. — Tremper un fer rouge dans un verre d'eau-de-vie, et faire des fumigations.

488. — Faire bouillir un verre d'eau-de-vie dans lequel on a mis du lierre montant et du poivre, et s'en servir pour des fumigations.

489. — Faire cuire de la sauge dans une marmite, sans eau, la mettre entre deux linges et l'appliquer sur le mal, ou mâcher de la sauge.

490. — Faire bouillir des poireaux non replantés; en faire des applications, ou mâcher des feuilles de plantain.

491. — Faire rougir un caillou, le mettre dans l'eau et faire une fumigation, en ayant soin de se couvrir la tête.

492. — Faire rougir un verre noir de bouteille, le tremper deux fois dans du vinaigre, avec lequel on fait une fumigation.

493. — Contre l'enflure des gencives, prendre de la deuxième écorce de bois de sureau, la battre avec de l'eau et du vinaigre blanc, et s'en gargariser plusieurs fois.

494. — Mettre dans de l'eau bouillante, pendant une minute, de la sauge, de la fleur de sureau, du baume bâtard, de la mauve et de la feuille de buis, et employer en fumigations.

495. — Renouveler pendant une demi-heure des fumigations avec de l'eau dans laquelle auront bouilli des poireaux.

496. — Faire griller des pommes de cyprès, les pulvériser, et fumer cette poudre dans une pipe neuve.

497. — Pour faire percer les dents des jeunes enfants, leur frotter les gencives avec de la cervelle d'un petit lapin. Ce remède est également bon pour la gravelle, en en frottant les reins.

498. — Pour consolider les dents ébranlées, se gargariser souvent avec du gros vin ou du vinaigre bien chaud, dans lequel on a fait cuire des feuilles vertes de prunier ou de romarin.

499. — Pour blanchir les dents, tremper un morceau de drap dans du vinaigre, le saupoudrer de pain brûlé réduit en poudre et s'en frotter les dents. — Ou se frotter avec de la cendre de branches sèches d'ortie. — Ou pulvériser un pot ayant servi longtemps : tamiser cette poudre ; la mélanger avec du miel, et s'en frotter.

500. — Racler des racines de blette; en extraire le jus; le mettre sur le creux de la main ; en respirer.

501. — Faire infuser du cresson dans de l'eau-de-vie pendant vingt-quatre heures ; bien le piler et se gargariser avec le jus, matin et soir, pendant deux mois.

502. — Pour faire tomber les vers des dents, prendre une poignée de poireaux, un verre d'eau-de-vie et un verre de vinaigre, faire bouillir ; mettre sur le vase un entonnoir et respirer la vapeur.

503. — Mettre une goutte d'acide phénique dans un dixième de litre d'eau ; se gargariser.

504. — Mettre un petit morceau d'alun de roche dans le trou de la dent ou sur elle.

505. — Délayer du camphre en poudre dans du vinaigre ; se gargariser.

506. — Contre les maux des gencives, verser une demi-cartouche de poudre dans une cuillerée d'eau-de-vie ; y mettre le feu ; le remuer avec une spatule et se gargariser vingt minutes ; le faire cinq fois.

507. — Prendre dix-sept feuilles de lierre montant, les faire bouillir dans un verre de vin avec du sel ; réduire à un tiers ; se gargariser la bouche longuement.

508. — Prendre de l'encens mâle pulvérisé ; le pétrir avec de l'eau-de-vie ; le mettre sur du coton et en faire un cataplasme que l'on place sous l'oreille.

509. — Faire griller de l'avoine, la pulvériser et la fumer dans une pipe, soir et matin.

510. — Faire rougir une pièce de 10 centimes, la tremper dans du vulnéraire ou de l'eau d'arquebuse ; une pierre à fusil, un verre à bouteille ont la même vertu ; il faut se gargariser ou faire une fumigation.

511. — Faire rougir une pelle, y faire brûler de l'ail et du sucre, et mettre le résidu sur la dent.

512. — Faire tremper un cigare de 25 centimes dans l'eau-de-vie et se gargariser.

513. — Ou faire cuire de la mercuriale et en faire des fumigations.

514. — Prendre un clou qui ait servi à un cheval et le poser sur les dents.

515. — Prendre une cuillerée d'huile d'olive ; faire brûler cinq ou six cornets de papier en faisant arriver la fumée dans l'huile; en mettre sur la dent et fermer la bouche.

516. — Faire cuire de la farine de graines de lin ; la mettre entre deux linges et arroser avec de l'eau sédative ; appliquer sur la joue et renouveler au bout de vingt-quatre heures.

517. — Faire une fumigation avec la graine de plantain large.

518. — Mettre, dans un litre, 10 centimes de bois de gaïac et de cresson ; le remplir d'eau, et se gargariser tous les matins.

Dépôt de lait.

519. — Faire cuire dans un pot neuf 15 gr. de racine de bonne squine, 15 gr. de pomme du Levant, 15 gr. de bourgeons de sapin avec un litre d'eau que l'on fera bouillir pendant une demi-heure; pour mettre cette infusion à l'état de tisane purgative y ajouter 15 gr. de sel de seignette. On en boira trois tasses par jour. Faire bouillir cette infusion pendant une heure et demie pour la mettre en état de purger et la passer dans un linge. La dose à prendre est, par jour, de quatre cuillerées pour un homme, trois pour une femme, deux pour un enfant.

520. — Faire bouillir trois fois le même lait, en sortir la crème et en boire à sa soif.

521. — Faire bouillir, pendant une demi-heure, une pincée de scabieuse dans deux verres d'eau jusqu'à réduction de moitié ; ajouter un verre de lait et boire à jeun ou deux heures après avoir mangé. Boire de cette préparation jusqu'à guérison.

522. — Faire cuire du séneçon dans l'eau; laisser bien écouler, puis faire griller la plante avec du saindoux et appliquer.

523. — Faire des infusions avec une pincée d'ortie dentelée, fendue, qu'on appelle agripaume ; en boire un verre à jeun, le matin et le soir en se couchant ; pendant quatre jours. Très-bonne.

524. — Pour faire passer le lait, faire des infusions avec du caille-lait, de l'orge, de la racine de fraisier et de canne; et boire.

525. — Prendre quatre-vingts perce-mousse, les faire bouillir dans deux verres de lait et réduire à moitié; faire boire; le malade éprouvera de très-grandes sueurs, le lait s'évacuera par les pores.

Diabète.

526. — Il faut manger pendant trois jours de suite, chaque jour, cinq peaux intérieures de gésier de chapon rôti.

527. — Prendre les pierres dans la tête des gros escargots et de grosses limaces grises; les pulvériser; les avaler en buvant un verre de vin blanc.

Douleurs.

528. — Prendre gros comme une noisette de la racine de spatula fœtida; la mâcher et l'avaler le matin à jeun, une fois par semaine; ou la faire cuire avec du vin, après l'avoir écrasée; en boire. Bon pour la goutte.

529. — Huile d'olive vierge, moelle de bœuf, faire bouillir au bain-marie et se frictionner très-fort, devant le feu, avec le mélange.

530. — Se frotter avec de l'huile de briques.

531. — Douleurs sciatiques : 10 centimes d'essence de térébenthine en pâte, l'étendre sur la peau, l'appliquer sur les reins ou sur la fesse; répéter deux fois.

532. — Ramasser de l'hièble avant le lever du soleil, et qu'il ne soit pas en fleurs ni en graine; en envelopper le malade et le laisser tant qu'il peut y rester, soit quatre heures; répéter deux fois.

533. — Ramasser de l'hièble en son entier, pendant septembre; en faire bouillir un kilog. et demi dans deux litres d'eau et deux litres de vin, quinze minutes; l'étendre sur le lit, se coucher dessus deux heures; répéter deux jours, après s'être préparé par des infusions de tilleul.

534. — Appliquer, jusqu'à guérison, la laine d'un chien caniche sur la partie malade.

535. — Prendre de la graisse de chien, de chat, de renard et de blaireau, à parties égales; la faire fondre et bien se frictionner devant un feu pétillant.

536. — Bien se frotter, devant un feu vif, avec la moelle des vieux os de jambon; le faire quatre jours ; plus ils sont vieux, mieux ils valent.

537. — Faire bouillir de la racine écrasée de l'hièble dans du vin blanc et appliquer; le faire trois fois.

538. — Mettre du sel sur un linge étendu et une couche de camphre en poudre; appliquer sur la partie malade avec une brique bien chaude par-dessus.

539. — Prendre de la suie de bois, soit dix litres ; les faire bouillir dans l'eau; écouler l'eau; mettre la suie entre deux linges sur une paillasse et se coucher dessus.

540. — Faire bouillir une heure une bouse de vache avec son lait, en mettre sur de l'étoupe et appliquer.

541. — Faire cuire des cendres en quantité avec un kilog. de sel; mettre les pieds dans ce bain bien chaud, ou coucher dans la fougère, ou encore se frictionner avec de la flanelle imbibée d'eau de Cologne.

542. — Boire des infusions avec du chiendent et de la bourrache pendant trois jours; ensuite boire de 60 gr. à 70 gr. d'huile de ricin, selon la constitution; mélange de 20 centimes d'huile d'olive avec 25 centimes d'esprit-de-vin sur les douleurs, sans frotter.

543. — Prendre de l'étoupe de chanvre mâle; 10 centimes d'encens mâle, 10 centimes d'eau-de-vie de marc; délayer; faire un cataplasme; le laisser jusqu'à ce qu'il tombe.

544. — Douleurs naissantes : faire bouillir un verre de son urine, un demi-verre d'alcool, une poignée de sel; se frictionner avec de la flanelle imbibée du mélange.

545. — Prendre neuf petits chiens nouveau-nés (qui n'ont pas tété); les faire bouillir dans l'eau; prendre 1 kilog. de vers du matin; les faire cuire à l'étouffée dans un quart

d'huile d'olive; mélanger avec la graisse des chiens; se frictionner.

546. — Ramasser des limaces jaunes; les mettre dans un sac avec une poignée de sel bien clair; recevoir le jus dans une assiette et frictionner avec une plume la partie malade.

547. — Ramasser deux sacs d'ortie piquante; les mettre dans un four après la cuisson du pain; quand l'herbe est brûlante, coucher le malade dessus et bien le couvrir.

548. — Faire cuire de la double; en envelopper la partie malade, et couvrir le tout de coton et de linge en toile.

549. — Cataplasme de séneçon cuit dans de la graisse blanche.

450. — Faire cuire des oignons blancs dans de la braise; bien les écraser; les placer dans un baquet sec et chaud; mettre les pieds dessus en ayant soin de bien envelopper les jambes et le reste du corps du malade dans une couverture de laine. Pendant la fumigation, appliquer un linge de toile trempé dans le vinaigre sur le front pour éviter que le sang ne se porte à la tête.

451. — Envelopper le malade dans une ou deux peaux de mouton toutes chaudes et le laisser quatre heures dans cet état.

452. — Faire un emplâtre composé de 32 gr. de térébenthine en pâte, trois blancs d'œufs frais, et d'une poignée de farine de seigle; le tout bien battu ensemble; le tenir bien chaud sur la partie malade pendant toute la nuit.

453. — Prendre du coton ouaté, bien l'imbiber d'eau-de-vie; le saupoudrer d'encens mâle, et appliquer sur la partie malade. Renouveler pendant dix jours, ou autant que le mal continue. Très-bon pour les enfants.

454. — Se frictionner avec de l'encens mâle mêlé à de la térébenthine.

455. — Mélanger de l'eau de vulnéraire, de la verveine en poudre et du sel, et se bien frictionner.

456. — Se frictionner pendant un mois avec de la graisse de chat.

557. — Faire bouillir ensemble de la sauge, du romarin, de la moelle de bœuf et un litre de vin dans un pot neuf. S'en frictionner avec un morceau de laine neuve. Il ne faut pas avoir de mercure dans le corps pour que ce remède produise son effet.

558. — Mettre dans un vase quatre litres de bon vinaigre; y ajouter 60 gr. d'huile d'olive. On fait ensuite rougir six cailloux. La personne malade, nue et enveloppée d'une couverture de laine, se tient debout près du vase. On met alors, l'un après l'autre, c'est-à-dire à mesure qu'ils perdent leur chaleur, les cailloux rougis dans le vinaigre. À la suite de cette fumigation, on frictionne le malade avec une pommade dont on trouvera la recette à l'alinéa suivant ; et il se mettra au lit, bien couvert. Faire trois ou quatre fumigations de la manière que nous venons d'indiquer, en ayant soin de maintenir sur le front un linge trempé dans du vinaigre.

559. — *Pommade pour frictions :* Mettre dans un pot un demi-litre de vin rouge vieux, 250 gr. d'huile d'olive fine, 50 gr. de moelle de bœuf, 20 centimes de sauge, 20 centimes de romarin ; faire cuire le tout ensemble jusqu'à réduction de moitié ; passer dans un linge, et laisser refroidir.

560. — Mettre une lampe, à quatre mèches, à esprit-de-vin, sous une chaise ou un tabouret sur lequel est assise la personne malade, nue, que l'on entoure à la hauteur des bras d'un cercle sur lequel on développe une couverture de laine. Mettre le feu à la lampe et laisser ainsi le malade pendant quarante-cinq minutes, en ayant soin de tenir sur le front un linge imbibé de vinaigre. Coucher ensuite le malade, nu, dans une couverture de laine. Deux fumigations faites de la manière que nous venons d'indiquer suffisent pour guérir les douleurs.

561. — Bien piler quatorze oignons crus et les tenir sous la plante des pieds pendant vingt-quatre heures. Écraser vingt-cinq écrevisses et les appliquer sur le ventre. Faire ce remède trois fois, à un jour d'intervalle. Se purger ensuite avec de l'huile de ricin.

562. — Faire bouillir dans une chopine d'eau, 30 gr. d'écorce de grenade sauvage, 15 gr. de semen-contra, 10 gr. de fougère mâle en poudre, 15 gr. de mousse de mer, et boire le matin à jeun. Deux heures après, prendre de l'huile de ricin.

563. — Se mettre dans un tonneau, après avoir fait un trou au bas sur le côté; y placer un petit réchaud allumé sur lequel on met du camphre.

564. — Faire un emplâtre de poix de Bourgogne et l'appliquer sur la partie malade, où on le laissera pendant huit jours. Lorsqu'on aura levé cet emplâtre, préparer un cataplasme avec une demi-livre de riz que l'on fera cuire, et le laisser appliqué à la même place pendant douze heures. Prendre ensuite quatre jours de repos complet.

565. — Préparer 30 gr. de savon animal, 125 gr. d'alcool, 15 gr. de camphre, 30 gr. d'éther acétique; mettre le tout dans un matras (vase à long col dont se servent les chimistes) que l'on bouche avec un parchemin percé d'un petit trou; placer le matras dans un bain-marie et lorsque le mélange est fait, s'en frictionner.

566. — Prendre du sable, le faire griller jusqu'à ce qu'il soit rouge; le mettre entre deux linges et en envelopper la partie malade.

567. — Se frictionner avec de l'huile de marrons d'Inde.

568. — Mélanger 60 gr. d'huile d'olive, 6 gr. de camphre; 6 gr. d'opium brut, et faire des frictions de cette préparation avec un morceau de laine douce.

569. — Mettre 3 litres d'eau dans un pot et y laisser infuser pendant vingt-quatre heures, 15 gr. de chacune des matières suivantes : séné, germandrée, sel d'Epsom, salsepareille, roses de Provins, réglisse noire, filaria. Boire successivement 9 litres de cette préparation et bien se nourrir pendant le traitement.

570. — Plonger dans l'eau bouillante un nid de fourmis pris au pied d'un pin, et l'appliquer sur la partie malade.

571. — Contre le mal des reins, mettre une cuillerée de sulfate de soude dans un litre de vin et boire.

572. — Contre une paralysie ou une douleur : à partir de juillet et d'août, prendre des orties, s'en envelopper les membres douloureux et s'en frotter.

573. — Prendre du terreau de tuilerie non mouillé; le faire chauffer dans un poêle; le mettre entre deux linges, en

envelopper le malade ou la partie malade et le laisser pendant vingt-quatre heures. Renouveler ce remède.

574. — Boire du jus de plantain long, un demi-verre à jeun, pendant quinze jours. Bon pour la goutte.

575. — Placer le malade nu sur une chaise, enveloppé d'une couverture de laine, mettre sous la chaise un vase contenant du lait dans lequel l'on met, l'un après l'autre, des cailloux blancs que l'on a fait rougir. Répéter jusqu'à guérison.

576. — Mettre de la graisse blanche et du séneçon dans un pot neuf; faire cuire et appliquer sur le mal.

577. — Faire fondre 125 gr. de beurre frais au bain-marie; y ajouter une cuillerée d'eau de fleur d'oranger, et boire. Renouveler trois fois ce remède.

578. — Pour guérir un refroidissement, faire cuire des raves avec du lait de chèvre, y mélanger de la farine de seigle et en faire des applications.

579. — Faire cuire d'abord ensemble 60 gr. de moelle de bœuf et 60 gr. de graisse blanche; faire cuire de nouveau avec 60 gr. de camphre, jusqu'à ce que le tout soit réduit en onguent.

580. — Faire cuire de la graine de genièvre dans un grand pot et en prendre des fumigations.

581. — Ramasser environ deux sacs de feuilles de noyer, le matin, avant que le soleil soit levé, quinze jours avant ou quinze jours après la Sainte-Madeleine; mettre ces feuilles sur une couverture de laine; s'y coucher avant le soleil couchant et ne se lever qu'après le soleil. Faire deux fois ce remède; trois personnes doivent garder le malade.

582. — Faire griller de la graine de foin et de baume bâtard et s'en envelopper dans une couverture de laine.

583. — Prendre des vers de terre, les essuyer, ne pas les laver; en remplir une bouteille que l'on bouche hermétiquement et qu'on laisse vingt-quatre heures dans du fumier de cheval. Se frictionner avec le contenu de la bouteille.

584. — Prendre des bains dans lesquels on a fait dissoudre du sel.

585. — Si c'est pour un mal de reins, faire des applications de sel.

586. — Ou faire des applications de résine de sapin.

587. — Ou se frotter avec du sel dissous dans de l'eau-de-vie camphrée.

588. — Faire cuire des feuilles de frêne dans de l'eau que l'on verse bouillante dans une benne. Le malade, enveloppé d'une couverture de laine, se met sur la benne et y reste cinq ou six minutes, après quoi on le couche. Lui faire prendre par jour trois litres de tisane faite avec de la scabieuse et du houblon, et, matin et soir, des infusions de graines de genièvre et de thym sauvage coupées avec du lait. Répéter huit jours de suite.

589. — Faire des emplâtres de résine de bois de sapin femelle ou de suif.

590. — Mélanger 100 gr. de têtes de pavot et 100 gr. d'huile d'olive et s'en frotter pendant huit jours.

591. — Mettre 10 gr. de salsepareille dans un verre de l'urine du malade et en faire un cataplasme.

592. — Faire des fumigations avec une décoction de genêt en fleur.

593. — Faire bouillir de la bouse de vache et 500 gr. de sel dans du vin vieux et en faire des applications ; mais avant, il faudra se frictionner avec une pommade composée de la manière suivante : faire bouillir de la graisse de cheval, de vipère, de blaireau, de chat, de chien, de hérisson au bain-marie, puis tirer au clair. Ajouter du romarin, de la sauge, des coquilles, des bourgeons de pin et de l'absinthe ; faire rebouillir jusqu'à réduction à un quart. Boire à volonté de la tisane de plantain mâle, de laitue, de saponaire, de racine de bardane, de fumeterre, de chicorée sauvage. Continuer pendant plusieurs jours ce remède, qui est infaillible.

594. — S'asseoir, nu et enveloppé d'une couverture de laine sur un tabouret, au-dessous duquel on a placé une terrine de braise enflammée sur laquelle on fait brûler des

graines de genièvre et du sucre ou du camphre en poudre. Le malade supportera la fumigation pendant trois quarts d'heure, puis on l'essuiera et on le couchera nu dans une couverture de laine pendant trois heures ; ensuite bien l'essuyer et le mettre dans un lit bien chaud ; suivre ce traitement le soir, pendant six jours ; avant de le commencer, il faut boire pendant huit jours des infusions de plantain. — Remède très-bon.

595. — Faire d'abord bouillir à petit feu de la graisse de chat et de la moelle de bœuf ; ajouter ensuite de l'onguent de diachylum et faire bouillir encore pendant une heure, jusqu'au moment où il se forme de l'écume blanche. Chauffer la partie malade autant qu'on pourra le supporter, et se frictionner plusieurs fois avec la grosseur d'un pois de cet onguent.

596. — Pour douleur ou ankylose, faire des applications de vers fraichement sortis de terre que l'on change souvent.

597. — Faire une décoction avec un litre d'eau, une poignée de racines de cassis et une poignée de racines d'ortie blanche, et s'en servir en applications.

598. — Faire des fumigations avec du romarin, de la fleur de violette et de la sauge en quantités égales.

599. — Envelopper les malades dans du coton et les y laisser pendant huit jours.

600. — Découper de la coloquinte (une pomme) : la faire bouillir trois heures dans de l'huile d'olive et se frictionner.

601. — Faire de la tisane avec de la saponaire, du riz, des pruneaux, de la réglisse, de la mauve et une pomme ; laisser bouillir pendant une demi-heure et ajouter 1 gr. de sel de nitre par litre. Boire de cette tisane pendant trois jours et s'abstenir de café et de liqueurs.

602. — Se couvrir le corps de sable et rester exposé au soleil, en ayant soin de se couvrir la tête d'un linge.

603. — Faire dissoudre 30 gr. de camphre dans 100 gr. d'alcool à 42 degrés, mettre sur la partie douloureuse et se frictionner ensuite avec de la pommade camphrée.

604. — Mettre une poignée de sel marin dans un verre

d'eau-de-vie ; frotter avec la main de haut en bas la partie malade quatre fois par jour, pendant trois ou quatre jours.

605. — Préparer un emplâtre avec 60 gr. de poix résine, 60 gr. de poix blanche et une chandelle de 5 centimes, et le placer sur un morceau de peau blanche; l'appliquer autour des chevilles si la douleur est à la jambe, et au bout du bras si la douleur est aux épaules; le laisser quarante-huit heures. Tisane de bois de cassis et de racine d'ortie.

606. — Piler une poignée de verveine des champs et la faire tremper pendant vingt-quatre heures dans un demi-litre de vin vieux; mêler ensuite avec de la farine de seigle et deux blancs d'œufs, bien battre et appliquer en cataplasme au-dessous de la douleur; aux chevilles, si elle est à la jambe.

607. — Ramasser un sac de feuilles de l'hièble avant le lever du soleil, quand il n'est ni en fleurs ni en graines; faire chauffer le four moins que pour le pain; y mettre le sac rempli des feuilles; le laisser quinze à dix-huit minutes; puis l'étendre sur un lit plan; y coucher le malade, bien couvert, et l'y faire rester trois quarts d'heure.

608. — Ramasser les feuilles de l'aune (verne) en plein midi, au gros du soleil; quand elles sont gluantes, s'envelopper de ces feuilles; le faire quatre fois.

609. — Faire bouillir de l'ellébore avec du lait de chèvre, cinq heures, et l'appliquer sur la douleur.

610. — Faire chauffer deux sacs ayant contenu de la farine et non secoués; les appliquer alternativement.

611. — Bois de genièvre, bois de genêt, pousse de sapin, serpolet, parties égales de chacun; bien faire bouillir le tout à la fois et faire une fumigation; répéter plusieurs fois.

612. — Mêler du miel avec des limaçons pulvérisés; le mettre dans un petit sachet avec une poignée de sel marin, le laisser neuf jours; appliquer.

613. — Maux de reins : il faut frotter fortement la place avec un linge sec et appliquer entre deux linges un cataplasme fait avec des cendres très-chaudes humectées avec du vinaigre.

614. — Délayer de la fiente de porc dans un bain (2 kilog.). Prendre trois bains de cette nature.

615. — Faire brûler des copeaux de frêne dans un tonneau, se mettre dedans, y rester quinze minutes nu, avec une couverte de laine fixée au cou.

616. — Contre les douleurs aiguës : huile de laurier, 10 centimes, huile d'aspic, huile d'amande douce, 10 centimes ; essence de térébenthine, 10 centimes ; alcool, 10 centimes ; le tout dans la même bouteille ; bien remuer et se frictionner avec la main trempée dans ce liniment.

617. — Écraser les côtes des feuilles d'un chou, les bien chauffer sans les faire griller ; les appliquer jusqu'à guérison. Appliquer de la flanelle avec un fer chaud par-dessus.

Douleurs sciatiques.

618. — Prendre 60 gr. de graine de moutarde, la même quantité de figues grasses, faire du tout un emplâtre et le placer sur la douleur. Faire plusieurs fois ce remède.

619. — Mettre dans un pot de terre trois poignées de feuilles de sauge, deux livres d'huile d'olive ; faire cuire à petit feu jusqu'à réduction de moitié ; extraire le jus et s'en frictionner pendant qu'il est bien chaud.

620. — Contre les douleurs rhumatismales, mettre dans un pot un kilogramme de chaux et deux verres d'eau ; mettre le pot dans le lit, sous l'angle formé par les genoux, que l'on élève, et se couvrir. Quand l'humidité aura disparu, on frottera la partie douloureuse avec de l'ortie, puis on frictionnera avec la pommade suivante : Faire bouillir pendant vingt minutes, dans une livre de beurre frais, non salé, une poignée de genièvre et autant de sauge verte ou de thym ; tirer au clair et mettre en pots.

621. — Prendre 32 gr. de salsepareille, 16 gr. de bonne squine découpée bien menue, 8 gr. de sassafras, 8 gr. de santas rouge râpé avec une lime, et mettre dans un pot verni, avec 5 kilogr. d'eau de fontaine : laisser tremper vingt-quatre heures en tenant le pot sur des cendres chaudes ; puis faire bouillir ; laisser diminuer d'un tiers ; y mettre de la réglisse concassée, passer et mettre en bouteille. Boire de

cette tisane pendant douze jours. Ne manger ni salé, ni choux, ni poireaux, ni oignons, peu de potages, peu de viande bouillie, beaucoup de viande rôtie. Ne pas sortir au serein, ne pas rester exposé au soleil.

622. — Le suc de l'hièble en lavement apaise les douleurs sciatiques et celles des intestins causées par le froid ; le même suc appliqué sur le fondement le fait rentrer.

623. — Faire cuire une grosse poignée de verveine des prés dans un litre d'eau ; réduire à moitié, et appliquer sur le mal, bien chaud.

624. — Faire griller de l'avoine arrosée avec du vinaigre de vin ; se coucher dessus.

625. — Faire chauffer une tuile neuve, l'arroser avec du bon vin, l'envelopper dans une flanelle et l'appliquer ; si elle est trop chaude, frictionner avec la flanelle en attendant qu'elle se refroidisse.

626. — Faire cuire des raves ou des navets dans la braise ; les appliquer.

627. — Racine de patience, racine de guimauve, un paquet de chiendent, bois de réglisse, feuilles de chicorée sauvage ; faire bouillir un quart d'heure le tout dans deux litres et demi d'eau de rivière ; ajouter 8 gr. de rhubarbe, 8 gr. de sel de Glauber, 40 gr. de séné ; faire bouillir deux minutes. En boire trois verres par jour, deux heures avant de manger ; supprimer toute crudité.

628. — Prendre de la paille qui ait été bien mouillée avec de l'urine de cheval ; la faire brûler et se mettre sur la fumée ; répéter quatre fois.

629. — Prendre pendant huit jours, à jeun, une infusion de pariétaire et d'ortie ; après les huit jours, faire infuser 16 gr. de turbith du levant, 16 gr. de jalap, 16 gr. anis vert. 16 gr. de cannelle, 16 gr. de sucre pilé bien fin pendant quarante-huit heures dans trois quarts de litre d'eau-de-vie ; puis, il faut ajouter 60 gr. de sirop de fleurs de pêcher, attendre encore quarante-huit heures, et en boire trois cuillerées pour un homme, deux pour une femme, une pour un enfant.

Deux cuillerées pour une indigestion ou des coliques.

Dyssenterie.

630. — Manger une crêpe (*matefin*) faite avec du beurre frais et de la farine battue avec du vin et un œuf. Faire trois fois ce remède.

631. Faire cuire des oignons blancs dans du beurre frais, y mettre de la farine et en faire une soupe.

632. Faire cuire ensemble, dans un litre et demi de vin, une demi-livre de mie de pain blanc, 10 centimes de corne de cerf, 10 centimes de gomme arabique; laisser réduire : sucrer avec du sucre candi ; mettre une cuillerée de fleurs d'oranger, et manger.

633. — Infusion avec douze pommes de rosier sauvage (églantier.)

634. — Faire cuire du plantain mâle dans un demi-litre de lait, réduire à moitié, et boire. — Ou une décoction de riz.

635. Deux infusions avec de la renouée. — Bon remède.

636. — Manger une brioche chaude, des œufs frais et boire du bon vin vieux. — Excellent.

637. Boire de l'eau-de-vie blanche sucrée, dans laquelle on a délayé un jaune d'œuf frais.

638. — Mettre de la renouée dans les souliers.

639. — Faire cuire six grains de café non brûlé dans un litre d'eau, laisser réduire à moitié et boire par verres.

640. — Boire de l'eau sucrée dans laquelle on a battu des glaires d'œufs frais.

641. — Si la dyssenterie provient d'un refroidissement, on prendra une tasse de café (ou plusieurs) dans laquelle on aura mis un œuf cru. Si elle provient d'un échauffement, on prendra de la salicaire en décoction.

642. — Mettre quatre pommes de terre pilées dans un litre

d'eau; faire bouillir et réduire à moitié; passer; bien exprimer le jus: ajouter 90 gr. de sucre candi, et en boire une petite tasse matin et soir.

643. — Faire bouillir dans un demi-litre d'eau un pain de 10 centimes; bien le presser et mettre dans le jus 15 centimes de gomme arabique. Renouveler trois fois.

644. — Boire une infusion faite avec sept fleurs de courge. — Ce remède est également bon pour les flux de sang.

645. — Se frotter quatre fois l'anus avec de l'huile de noix.

646. — Faire des infusions avec les nielles du blé, ou avec la mousse qui croît sur l'églantier, ou avec de la racine d'ipécacuanha.

647. — Prendre quatre jaunes d'œufs frais et les faire évaporer sur le feu avec une spatule, et les mettre dans une bouteille de vin blanc vieux. En faire prendre quatre verres aux grandes personnes et un petit verre aux enfants.

648. — Mettre quatre blancs d'œuf frais dans un litre d'eau, agiter la bouteille pendant un quart d'heure, et en boire par verres.

649. — Prendre un lavement dans lequel on a mis un blanc d'œuf.

650. Mettre dans un demi-verre d'eau 32 gr. de gomme arabique, 30 gr. de sucre, 30 gr. d'huile d'olive, une cuillerée de fleurs d'oranger; bien battre et laisser fondre le tout. En faire boire plusieurs fois.

651. — Faire bouillir dans un litre d'eau une douzaine d'écrevisses dont on a nettoyé la tête; boire le bouillon et manger les écrevisses. Faire deux fois ce remède qui est très-bon.

652. — Prendre deux infusions de l'herbe bourse à pasteur. Remède excellent. Bon pour les pertes de sang et flux.

653. — Prendre trois cuillerées de jus d'ortie blanche, à jeun et le soir. — Bon pour les pertes.

654. — Mettre de la renouée ou traînasse dans ses souliers.

655. — Faire des infusions avec la pilozelle.

656. — Faire griller de la bruyère dans la graisse après l'avoir écrasée et en faire un matefin (crêpe) avec de la farine; le manger.

657. — Ramasser une bonne poignée de renouée des oiseaux avec la racine ; la faire bouillir dans un litre d'eau ; réduire à moitié; y mettre de la réglisse; en boire deux litres.

658. — Faire cuire 250 gr. de mie de pain dans un demi-litre d'eau pendant une demi-heure ; exprimer et boire ; mais avant boire du bouillon de poulet pendant cinq jours.

659. — Prendre un demi-verre de vin bien sucré ; y tremper du pain avec une demi-noix muscade ; le boire.

660. — Faire cuire deux œufs à la cendre, prendre le jaune, le mêler avec du vinaigre et le manger à jeun.

661. — Faire une infusion avec du tan (écorce de chêne).

662. — Boire une cuillerée de sirop de coings, matin et soir.

663. — Prendre une poignée de renouée des oiseaux, une cuillerée d'orge ; faire bouillir dans un litre d'eau jusqu'à réduction à un tiers ; faire rougir un fer, l'y tremper doucement et boire un verre de cette décoction.

664. — Faire cuire une poignée de plantain long ; boire l'eau.

665. — Faire des infusions avec des feuilles de figuier ; ajouter un peu d'eau-de-vie.

666. — 10 centimes d'eau de roses, 10 centimes d'eau de plantain, un blanc d'œuf; battre le tout et le boire à jeun.

667. — Prendre des cailloux de rivière, les faire rougir, les mettre dans l'eau et boire celle-ci.

668. — Flux : hacher du plantain mâle et prendre des œufs frais ; en faire une omelette, que l'on mangera.

669. — Faire une soupe avec de la farine et du beurre frais ; en manger trois fois.

670. — Pour les enfants, prendre une fraise de veau ; la faire bouillir et réduire à moitié ; donner des lavements avec le liquide.

671. — Quart de lavement avec la moitié d'un jaune d'œuf pour enfant et un jaune pour un adulte.

CHAPITRE V

Écrouelles.

672. — Vin vieux, deux cuillerées; autant de farine de seigle; du beurre gros comme une noisette; faire fondre ensemble jusqu'à ce que cela mousse; laisser refroidir; puis appliquer.

Elixirs.

673. — Faire infuser pendant trois semaines dans un litre d'eau-de-vie 64 gr. d'aloès, 16 gr. de rhubarbe, 16 gr. de thériaque de Venise, 4 gr. de gingembre et 8 gr. de chacune des plantes et poudres suivantes: gentiane, myrte fin, agaric mondé, fleur de safran; en boire un petit verre tous les matins.

674. — Prendre 12 gr. d'agaric blanc, 12 gr. de zédoaire, 200 gr. d'aloès soccotrin, 200 gr. de thériaque de Venise, 8 gr. de rhubarbe, 50 gr. de gentiane, 12 gr. de safran oriental, 12 gr. de quinquina, 25 gr. de fleur de soufre; mettre le tout dans trois litres et demi d'eau-de-vie et autant de vin; laisser infuser pendant quarante jours. Cet élixir est très-bon pour les bestiaux, dans toute espèce de maladies. On réglera la quantité à donner sur l'espèce des animaux: ainsi, à un bœuf un verre, à une brebis un tiers de verre.

Si l'on veut se servir de ce remède pour les maux de cœur, en prendre une cuillerée à bouche; pour une indigestion, deux cuillerées dans une tasse de thé; contre l'ivresse, deux cuillerées, pur; pour la rage, deux cuillerées dans l'accès et, quand elle remonte, trois cuillerées, pur; pour les fièvres intermittentes, une cuillerée une heure avant les frissons; en prendre trois fois.

675. — Eau très-salutaire. Placer une partie de miel pour quatre d'eau dans un pot, sur des cendres chaudes, sans le laisser trop échauffer, de telle manière qu'on y puisse tenir la main tant qu'on voudra ; après trois jours, on ajoute du romarin bien pilé; on le laissera fermenter jusqu'à ce que les herbes touchent au fond; puis distiller comme si l'on distillait du vin; cette liqueur est appelée esprit-de-romarin ; en mettre une compresse sur quel mal que ce soit, coups ou chutes, pourvu qu'on l'emploie dans les vingt-quatre heures ; on fait aussi des infusions avec l'esprit-de-romarin et la fleur de cette plante.

Enfants qui pissent au lit. — Enfants noués.

676. — Pour guérir les enfants noués, prendre deux pieds de veau bourrus, les faire cuire dans deux litres d'eau jusqu'à réduction à un quart de litre; ajouter alors un demi-litre d'eau-de-vie de bonne qualité et 250 gr. de beurre ; lorsque le tout aura bouilli ensemble, passer dans un linge et battre ensuite avec une fourchette, jusqu'à ce que la pommade soit ferme. On frictionnera avec cette pommade la partie malade deux fois par jour.

677. — Pour guérir un enfant qui pisse au lit, mettre la tête d'un gros poulet dans un sachet, et la laisser au four jusqu'à ce qu'elle puisse être réduite en poussière ; mettre une pincée de cette poudre dans une cuillerée de sirop de grande consoude, et prendre, le matin, à jeun. Continuer tant que la poudre durera.

678. — Pour un enfant de moins de sept ans qui se serait *rompu*, battre ensemble de la graisse de renard ou de fouine dans de l'esprit-de-vin, et frictionner les parties, sous les bras et sous les jarrets.

679. — Contre la faiblesse de reins des enfants, appliquer entre deux linges des feuilles de fougère séchées à l'ombre.

680. — Pour donner de la force à un enfant, le coucher pendant quatre mois dans une chemise portée par son père.

681. — Contre la masturbation : faire prendre pendant plusieurs jours des infusions de fleurs de pomme du Levant.

682. — Pour un enfant qui pisse au lit, lui faire manger à jeun du pain dans lequel on a écrasé des graines d'ortie.

683. — Contre l'humeur des enfants : mélanger pour 5 centimes de fleur de soufre avec un quart de miel, et en faire prendre à jeun une petite cuillerée chaque matin.

684. — Pour empêcher un enfant de pisser au lit, faire manger des poumons de chevreau rôtis, ou bien faire boire dans du vin de la poudre de cervelle de chevreau ou de testicules de lièvre desséchés, ou de la poudre de vessie de porc, de chevreau ou de brebis.

685. — Lorsque les enfants ont le foie mal placé, prendre le jaune d'un œuf frais, remettre le blanc dans la coquille, la remplir d'eau-de-vie, et faire cuire sur la braise. On applique ensuite sur le creux de l'estomac. — Faire ce remède quatre ou cinq fois. — Ensuite écraser cinq écrevisses et les appliquer sur le ventre : pour un enfant mâle, une écrevisse mâle et quatre femelles ; le contraire, pour une fille.

686. — Pour guérir un échauffement, donner une pincée de grande consoude en poudre dans une cuillerée de riz que l'on a fait bouillir.

687. — Prendre 20 gr. de racine de grande consoude, trois figues et une cuillerée de riz, et faire bouillir dans un litre d'eau pendant une demi-heure. Boire le litre dans la journée. On fera ce remède pendant douze jours.

Enflures.

688. — Faire chauffer ou bouillir le linge dont on se sert pour nettoyer un four et s'en envelopper les jambes. — Bon également pour un sang arrêté.

689. — Délayer dans de l'eau pour 5 centimes d'amidon ; faire bouillir ; y ajouter dix gouttes d'huile d'olive, bien battre et faire un cataplasme avec cette préparation.

690. — Préparer deux emplâtres avec de l'encens mâle et de l'ail ; en appliquer un sur chaque coude-pied. Boire des infusions de genêt et de valériane.

691. — Préparer un cataplasme avec de la verveine sau-

vage pilée, des glaires d'œufs et de la farine d'orge. — Bon également pour guérir un coup de sang.

692. — Pour faire disparaitre une grosseur à la jambe, appliquer des escargots et des écrevisses écrasés.

693. — Faire bouillir, jusqu'à réduction de moitié, deux bouteilles de vin blanc vieux dans lequel on mettra 125 gr. de noisettes pilées. Boire la bouteille dans une journée.

694. — Appliquer un cataplasme de crottin de cheval que l'on a fait cuire sans eau, dans une marmite, en ayant soin de le retourner.

695. — Cataplasmes de bouse de vache fricassée dans de la graisse blanche.

696. — Applications de feuilles de bardane.

697. — Faire bouillir, dans un verre d'eau, pendant trois quarts d'heure, de la seconde écorce de sureau, la moitié d'une racine d'asperge et de la graisse blanche; passer pour extraire la pommade et s'en frictionner.

698. — Faire bouillir des raves et de la pelure de raves ou navets et faire trois ou quatre fois des fumigations. — Remède excellent pour toute enflure.

699. — Faire bouillir des poireaux avec de la courge, et faire des fumigations.

700. — Boire des infusions de la verveine officinale.

701. — Pour guérir un effort à un enfant, appliquer sur les parties de l'usure d'une meule à aiguiser; ceci est très-bon.

702. — Ecraser des orties et les appliquer.

703. — Au retour de l'âge, faire cuire des branches de genièvre chargées de leurs graines; dans dix litres d'eau; y ajouter 10 centimes de crème de tartre et autant de poudre de jalap, et faire trois fumigations.

704. — Faire des fumigations avec des graines de genièvre et de l'alun de roche sur un réchaud.

705. — Prendre des bains faits avec des cendres pendant

neuf jours, et mettre sur le ventre des cataplasmes faits avec de l'avoine grillée ; ceci est bon pour l'hydropisie.

706. — Prenez une bouteille de vin vieux, ou même de la lie ; ajoutez dedans une petite poignée de son, de petite sauge, de fleurs de sureau, 10 centimes de savon blanc râpé ; faites bouillir le tout environ vingt à vingt-cinq minutes ; faites un cataplasme que vous appliquerez sur la partie malade ; on peut employer trois à quatre fois le même, en le faisant réchauffer.

Engelures.

707. — Se frotter, à plusieurs reprises, avec des fraises bien mûres, les parties où les engelures se déclarent ordinairement, et faire des applications de fraises sur ces mêmes parties (au printemps).

708. — Se laver les mains avec de l'eau dans laquelle on a fait cuire des châtaignes.

709. — Se laver les mains ou autres parties avec la première neige.

710. — Mettre pour cinq centimes d'eau de javelle dans un litre d'eau, et s'en servir comme bain pour les engelures.

711. — Se frotter avec de la pommade composée de cire râpée et d'huile d'olive, en parties égales.

712. — Prendre de l'eau dans laquelle on a fait cuire des raves, y mettre des navets et faire bouillir jusqu'à cuisson complète, et s'en laver les mains, le soir en se couchant ; y tremper un linge en plusieurs doubles et faire des applications bien chaudes.

713. — Se servir, en applications, de la décoction de raves gelées que l'on met dans de l'eau bouillante.

714. — Applications avec des raves cuites sur la braise.

715. — Faire bouillir du gros vin dans lequel on aura mis de la sauge ; tremper les mains ou les pieds atteints d'engelures dans cette décoction pendant une demi-heure ; supporter le bain aussi chaud que possible.

716. — Faire un onguent composé de la manière suivante :

térébenthine, graisse de bœuf ou de mouton, huile d'olive, poix blanche, poix résine, ortie blanche, encens, le tout en quantités égales. Se frictionner avec cet onguent.

717. — Prendre un hareng blanc; le faire cuire; le broyer avec de la graisse blanche; en faire une pommade et se frictionner.

718. — Brûler de grosses coquilles d'huîtres; pétrir les cendres avec du saindoux et s'en frotter.

719. — Prendre un bain dans l'eau fraîche en se levant, et se chauffer devant un grand feu.

720. — Alcool double, 15 gr.; acide hydrochlorique, 15 gr.; acétate de plomb, 15 gr.; bien mélanger et boucher hermétiquement; en faire des compresses.

721. — Crevasses et engelures; prendre la deuxième pelure des navets; la faire bouillir; en prendre des bains de mains et de pieds.

722. — Se laver les mains ou les pieds dans l'eau qui a servi pour échauder un porc.

723. — Faire bouillir de la petite sauge et prendre un bain.

724. — Se laver les mains avec le suc de raves ou navets.

725. — Faire trois fumigations avec la graine de jusquiame.

726. — Râper des pommes de terre crues, avec de la mie de pain; pétrir et appliquer.

727. — Se frotter les mains avec le jus de séneçon.

Entorses, foulures.

728. — Mettre dans un grand verre de vinaigre un demi-kil. de sel gris et la moitié d'une chandelle; puis faire fondre le tout sur le feu. Poser sur l'entorse des compresses aussi chaudes que possible de ce mélange. Il ne faut pas quitter le lit. Si l'entorse n'avait pas complétement disparu après une première application, il faudrait en faire d'autres. — Remède excellent.

729. — Écraser ensemble une poignée de racines de poireau et 50 gr. de lard bien rance, et mettre le tout entre deux linges arrosés d'huile fine que l'on appliquera sur la foulure.

730. — Appliquer plusieurs cataplasmes préparés avec les ingrédients suivants : 10 centimes d'alun de roche bien pilé, deux blancs d'œufs, du savon blanc râpé, deux cuillerées d'huile d'olive, deux cuillerées d'eau-de-vie ; le tout bien battu ensemble.

731. — Se frictionner avec de l'eau-de-vie, dans laquelle on a fait infuser du savon ordinaire.

732. — Faire des applications d'ortie écrasée.

733. — Pour les animaux, appliquer des cataplasmes préparés avec une chandelle que l'on fait bouillir dans de l'eau épaissie avec du son de blé.

Envies.

734. — Pour faire disparaître une envie, appliquer dessus la membrane qui enveloppe l'enfant d'une femme qui accouche pour la troisième fois.

735. — Prendre la membrane qui enveloppe un enfant mâle premier-né, et appliquer sur l'envie pendant une heure. — Ou bien la mère léchera l'envie matin et soir.

Epanchement d'eau.

736. — Écraser sept ou huit escargots, avec leur coquille, et les appliquer sur la plante des pieds.

737. — Pour un enfant, prendre des morceaux de levain, aplatir la pâte en manière de plaque ; saupoudrer de poivre et de sel et en envelopper les pieds de l'enfant. Tisane toute la nuit.

738. — Pour un enfant, fendre deux petites tanches ; les appliquer sous les pieds ; les laisser douze heures et plus, s'il le faut ; remède excellent pour cette maladie.

Epilepsie.

739. — Mettre chaque jour, pendant six jours, cinq li-

maces sur chaque tempe et les y laisser pendant cinq heures. Boire du jus de pourpier et des tisanes purgatives.

740. — Piquer une épingle sous l'ongle du petit doigt de la main gauche jusqu'à la deuxième phalange, au moment de la crise.

741. — Pour se guérir de l'épilepsie, boire pendant un an des décoctions de racine de bryone (ou vigne sauvage) dans lesquelles on met de l'huile de noix.

742. — Pour guérir l'épilepsie de naissance, prendre 12 gr. de confection de jacinthe, 12 gr. thérinus, 12 gr. de poudre de vipère, 30 gr. de castor, 40 gr. de camphre ; mêler le tout de sirop de pêcher, pour le rendre liquide. On prendra de cette préparation gros comme une petite noisette deux fois par jour, le matin, une heure avant déjeuner, le soir une heure avant souper. On boira trois fois par jour une infusion de valériane. Ne manger aucun aliment cru ou salé.

743. — Faire sécher dans un four de boulanger du gui de chêne que l'on met en poudre et que l'on passe dans un tamis bien fin. Les trois derniers jours de la lune, on prendra, le matin à jeun, une cuillerée à café de cette poudre, que l'on aura mis tremper pendant toute la nuit dans un verre de vin blanc.

744. — Prendre de la pivoine mâle séchée au four ; la réduire en poudre et en mettre une cuillerée à café dans un verre de vin blanc que l'on boira à jeun le dernier et le premier jour de la lune.

745. — Prendre un gros crapaud de terre, le mettre dans un sachet et le placer sous le traversin du malade, sans que ce dernier le sache. — Les crapauds ne sont bons pour ce remède que pendant les mois de juin, juillet et août. — Au lieu de mettre le crapaud sous le traversin, on peut le placer dans un pot couvert près du malade. — Avoir soin de ne toucher le crapaud qu'avec un linge.

746. — Prendre pendant quelques jours trois tasses d'infusion d'agripaume, en augmentant la dose chaque jour.

747. — Prendre tous les soirs une pilule de un centigramme de belladone ; le soir plutôt que le matin, parce que les attaques d'épilepsie surviennent plus souvent la nuit que le jour. Au bout d'un mois, porter la dose quotidienne

à deux pilules; le troisième mois, à trois pilules; le quatrième, à quatre. Les prendre toujours toutes à la fois. S'il survenait de la gêne de la vue, on arrêterait le traitement; dans le cas contraire, on peut le continuer sans jamais aller au delà de sept à huit pilules par jour.

Il faut se traiter ainsi au moins pendant un an; les parents auront soin de noter par écrit, sur un registre, le nombre et la force des attaques. S'il y a amélioration, il faudra continuer le traitement de la belladone jusqu'à guérison.

748. — Faire boire aux hommes, le matin à jeun, de l'eau distillée de la fiente fraîche d'un porc, et aux femmes de celle d'une truie, un demi-verre; le faire autant de temps qu'il le faudra.

749. — Faire du café avec du seigle; en boire trois fois par jour; pour les enfants on ajoute du lait; les vers aiment le lait.

750. — 20 centimes d'éther, d'eau de fleurs d'orange, d'extrait de noix ou d'essence; mêler ensemble en parties égales; en boire une ou deux cuillerées de suite.

751. — Avoir une plume d'oie neuve, la couper des deux bouts pour faire deux ouvertures; la remplir de mercure neuf; mettre aux deux bouts du drap rouge neuf; attacher un cordon à cette plume et la passer au cou, de telle sorte que la plume tombe sur le creux de l'estomac.

752. — 4 gr. de crottin de paon dans un verre de vin blanc; le boire à jeun; souffler dans l'oreille six fois.

753. — Couper des limaces rouges; les appliquer sous les pieds jusqu'à guérison.

Éruption.

754. — Pour faire disparaître une éruption de sang, faire cuire des racines de jusquiame; s'en laver et ne pas s'essuyer; le faire pendant trois semaines.

Erysipèle.

755. — Appliquer du fromage frais sur la rougeur, ou de la verveine écrasée.

756. — Hacher des oignons rouges et les appliquer sur la plante des pieds, les changer de quatre heures en quatre heures, au moins trois fois.

757. — Faire des cataplasmes avec du suif de chandelle non préparé, que l'on fera bouillir dans un litre d'eau avec de la mie de pain sur vieux levain ; mettre ensuite sur un feu doux et remuer avec une cuiller de bois jusqu'à consistance. Faire chauffer toutes les fois que l'on veut mettre un nouveau cataplasme et laver la plaie avec du vin sucré à chaque pansement.

758. — Écraser de la racine d'ortie piquante et en faire des pansements.

759. — Faire des applications de feuilles de pas-d'âne ou tussilage.

760. — Faire des applications avec du chanvre trempé dans l'eau.

761. — Mettre des cataplasmes de bouse de vache bien chaude.

762. — Appliquer un cataplasme de farine d'orge et de fève en quantité égale.

763. — Faire cuire des feuilles de lierre avec du bouillon blanc dans de l'eau de pluie ; tremper un linge dans cette eau et faire des applications.

764. — Si l'on a le visage rose ou les jambes rouges, faire des applications avec un linge trempé dans du sang de lièvre.

765. — L'eau de chaux est très-bonne en applications.

766. — Prendre une bande de saindoux, s'en envelopper la tête et laisser jusqu'à guérison.

Esquinancie.

767. — Faire fricasser, sans trop la griller, une bonne poignée d'oseille dans 60 gr. de graisse blanche ; ne pas laver l'oseille ; on fait de cette préparation des cataplasmes jusqu'à guérison.

768. — Tremper un linge dans de l'eau sédative et s'en faire trois applications autour du cou.

769. — Faire des applications avec des oignons de lys que l'on a fait cuire dans de la farine de seigle délayée dans du lait,

770. Prendre de la fiente de pigeon ou d'hirondelle, la fricasser dans de la graisse blanche et en faire des applications.

771. — Prendre une poignée de petits poireaux, tels qu'ils ont été arrachés, sans les laver ; les lier ; les mettre dans un pot neuf avec de la graisse blanche, et les faire bouillir à petit feu ; les sortir avec une fourchette ; les déposer sur du coton ; les écraser légèrement avec la fourchette ; les poudrer avec de la fiente de chien blanche et sèche et l'appliquer sur le cou, entre les deux oreilles.

772. — Prendre un nid d'hirondelle qui se trouve dans les écuries ; le passer à la graisse blanche, et se l'appliquer entre deux linges, autour du cou.

773. — Battre ensemble une cuillerée d'huile d'olive et une cuillerée d'eau d'arquebuse ; en boire la moitié et faire une compresse du reste.

774. — Faire bouillir des crottes de mouton dans du lait et faire des applications bien chaudes.

775. — Faire griller dans de la graisse blanche du géranium pusillum et en faire des compresses. — Très-bon.

776. — Bien mêler trois cuillerées de poivre, trois cuillerées de sucre et trois cuillerées d'eau-de-vie, mettre entre deux linges et appliquer sur le cou.

777. Pour faire percer l'abcès, mettre au four dans un plat une chouette avec ses plumes ; l'y laisser jusqu'à ce qu'elle soit réduite en cendres, et en appliquer sur le cou, à la place du gosier.

778. — Prendre un certain nombre de jeunes hirondelles ; les faire sécher au four, dans un pot de terre verni ; les réduire en poussière et en faire prendre au malade 4 gr., matin et soir, dans du bouillon.

779. — Faire brûler de l'ambre jaune et en faire prendre au malade le parfum par la bouche, à l'aide d'un entonnoir retourné.

780. — Préparer un mélange composé de 2 gr. de moutarde en poudre, 30 gr. de vinaigre, 90 gr. d'eau de plantain, 30 gr. de sucre, et s'en gargariser souvent. Si cette opération amenait un vomissement, l'effet ne serait que meilleur.

781. — Faire bouillir dans du vin une poignée de racine de chélidoine; laisser tiédir la décoction, et s'en gargariser.

782. — Faire griller un hareng saur et l'appliquer bien chaud sur le cou.

783. — Aussitôt qu'on s'aperçoit du mal, faire diète absolue; prendre des bains de pied dans lesquels on aura mis deux verrées de vinaigre et une poignée de sel; le même bain peut servir deux fois. — Faire dissoudre 45 gr. de sulfate de soude dans trois verres environ de bouillon d'herbes, et en boire de demi-heure en demi-heure. Se mettre au lit; transpirer légèrement. — Si le mal était trop avancé, faire une application de trente sangsues sur la partie malade, et après la chute des sangsues, appliquer sur les piqûres un cataplasme émollient. — Se gargariser plusieurs fois par jour avec une décoction de feuilles de ronces, dans laquelle on ajoutera une cuillerée à bouche de sirop de mûres, une demi-cuillerée de miel rosat, et quelques gouttes de vinaigre.

784. — Il faut, le soir en se couchant, mettre de l'alcali sur un mouchoir de mousseline; l'appliquer autour du cou comme une cravate et mettre par-dessus une bonne cravate de laine; le faire dès le commencement.

785. — Faire bouillir du petit géranium dans du vinaigre; le mettre entre deux linges et l'appliquer bien chaud; renouveler deux fois; ceci est bon contre le croup et le goître.

786. — Faire des infusions avec des herbes de chantre.

787. — Faire bouillir du cétérach des boutiques (la feuille des petits et la racine des gros; une poignée); le passer au clair et le faire rebouillir; ajouter poids égal de sucre et boire à jeun.

788. — Prendre une livre et demie d'orge; faire bouillir dans un litre d'eau avec un tiers de riz, jusqu'à ce qu'il soit crevé; retirer du feu et mettre un tiers de miel; faire rebouillir avec une prise d'alun de roche; boire une cuillerée et demie par repas jusqu'à guérison.

789. — Manger des poireaux avec du sel pendant huit jours.

790. — Faire des infusions avec des fleurs de courge (citrouilles, potiron); en boire.

791. — Appliquer une poignée de cloportes entre deux linges, ou une poignée de blancs de poireaux grillés dans le saindoux; le faire six fois. Contre une angine, faire griller une toute petite croûte de pain; la faire avaler; elle détachera la peau qui étouffe.

792. — Faire cuire du lait de chèvre dans un pot de terre neuf; y mettre une pincée de cerfeuil; le boire bien chaud et appliquer le cerfeuil sur le cou.

Estomac (Maux d').

793. — Boire tous les matins pendant un mois un verre de vin sucré, dans lequel on aurait fait infuser durant toute la nuit des fleurs d'oranger.

794. — Faire dissoudre dans de l'eau-de-vie 125 gr. d'ipécacuanha rouge; ajouter trois litres de vin et laisser infuser pendant dix jours. Boire un petit verre de ce remède tous les matins, à jeun.

795. — Prendre de la verveine des champs, deux glaires d'œufs frais, de la farine de seigle; bien délayer le tout et en faire un cataplasme que l'on applique sur l'estomac du malade, le soir, lorsqu'il est couché.

796. — Mettre dans la valeur d'un bon verre d'eau trois feuilles d'oranger, en faire une infusion à laquelle on ajoute une cuillerée de crème du jour et une cuillerée de miel.

797. — Mettre de la petite ortie dans de l'eau bouillante; laisser infuser et la placer entre deux linges pour s'en servir en compresses que l'on aura arrosées de bon cognac, et

qu'on laissera toute la nuit sur l'estomac. Boire, le lendemain, des infusions de fleurs de sureau.

798. — Faire infuser dans de l'eau, de la bryone ou vigne sauvage (60 gr.), pendant toute la nuit, pour s'en servir le lendemain en boisson. Cette infusion est également très-bonne pour faire rendre les humeurs qui chargent l'estomac et qui peuvent causer la jaunisse, la dyssenterie, des maux de tête, l'apoplexie, le mal caduc, etc. — Les personnes délicates feront infuser 30 gr. seulement.

799. — Fumer des feuilles de pas-d'âne ou de tussilage.

800. — Deux poignées de graine d'hièble dans un litre d'eau-de-vie; laisser infuser huit jours; en boire une cuillerée à café à jeun et une seconde dans la journée.

801. — Contre une inflammation, 5 centimes de racine de guimauve, 10 centimes de graines de lin; faire bouillir dans un litre d'eau; en boire un litre par jour pendant six semaines.

802. — Délayer un œuf frais du jour avec un verre de vin; boire; répéter plusieurs jours.

803. — Pour guérir toute maladie intérieure, faire de la soupe d'ortie et en faire des fricassées; ne rien manger de salé.

Étourdissement.

804. — Six gouttes d'extrait d'arnica et deux gouttes d'alcali dans un verre d'eau.

805. — Faire des infusions avec du buis nain; trois infusions.

Extinction de voix.

806. — Piler une poignée de noisettes et d'amandes; faire bouillir dans un demi-litre de lait ou d'eau; passer, sucrer et boire.

807. — Faire bouillir une bouteille de vin vieux, dans lequel on a mis tremper une croûte de pain rôtie de dix centimètres, sur laquelle on a étendu 125 gr. de miel. Boire ce vin bien chaud.

808. — Boire des infusions de feuilles de ronce sucrées avec du miel blanc.

809. — Boire une fois par jour de son urine pendant huit jours : non celle que l'on répand d'abord lorsque l'envie d'uriner vous prend, ni celle de la fin, mais celle du milieu.

810. — Mâcher trois poignées de pointes de ronces.

811. — Boire du lait de chèvre fréquemment, jusqu'à guérison.

812. — Boire des infusions de chèvrefeuille.

813. — Faire des infusions avec l'herbe des chantres.

CHAPITRE VI

Faiblesses.

814. — Pour fortifier, si c'est un enfant, donner un demi-verre de vin dans lequel on battra un jaune d'œuf frais; pour une grande personne, trois jaunes d'œufs dans un verre et demi de vin.

815. — Pour faiblesse ou transpiration, boire, pendant huit jours, un quart d'heure avant de manger, une petite infusion de fleurs de violette contenant une cuillerée à café de sirop de quinquina.

816. — Pour se préserver du froid ou des frissons, faire bouillir du sel et de l'huile, et en frotter l'épine dorsale, la plante des pieds et les poignets.

817. — Pour un commencement de malaise, boire en se couchant une infusion de bourrache, dans laquelle on met un verre de rhum.

Fièvre.

818. — Pour guérir la fièvre typhoïde, envelopper les jambes jusqu'aux cuisses, avec des oignons cuits dans la braise.

819. — Pour couper la fièvre froide, prendre la valeur de trois quarts de verre, moitié eau-de-vie et moitié vinaigre; boire; faire une course et se mettre ensuite au lit.

820. — Mettre la râpure d'un marron d'Inde et la mêler dans deux petits verres d'eau-de-vie que l'on boit après s'être mis un morceau de sucre dans la bouche.

821. — Attacher une tanche vivante sous la plante des pieds; la tête du côté du talon, et l'y laisser trois heures.

822. — Appliquer un bifteck sous chaque aisselle, où on le laisse pendant quatre heures.

823. — Prendre de la pellicule adhérente à la coquille d'un œuf cuit et s'en envelopper les petits doigts.

824. — Préparer une pâte avec 30 gr. de quinquina rouge en poudre, 30 gr. de sirop de capillaire, et 30 gr. de miel. On prendra ce mélange en trois fois, avant que le tremblement ne prenne : la première fois un peu plus du tiers, la seconde fois un peu moins, la troisième fois ce qui restera. Le malade se purgera avant de prendre ce médicament. Ne pas se mouiller les mains pendant quinze jours. — Remède très-bon pour les fièvres très-irritantes.

825. — Pour une fièvre intermittente, faire boire un verre de l'urine d'un enfant de dix ans.

826. — Pour une fièvre tremblante, faire cuire, dans une bouteille de bon vin, 30 gr. de manne pulvérisée, 30 gr. de miel de Narbonne, et 30 gr. de sirop de fleurs de pêcher. Prendre en boisson.

827. — Pour une fièvre quarte, coucher le malade dans des orties.

828. — Faire de la tisane avec des feuilles de fragon piquant et de houx épineux, et en boire un demi-litre quand on sent que le tremblement va venir. En boire deux fois.

829. — Prendre de la deuxième écorce de sureau; la faire infuser dans du vin blanc, et en boire matin et soir.

830. — Faire de la tisane avec des chardons étoilés.

831. — Râper un marron sec; le piler; laisser infuser cette râpure pendant vingt-quatre heures dans un verre de vin, et en boire le matin à jeun.

832. — Faire des infusions de verveine des champs et les boire le soir en se couchant. Excellent pour le rhume.

833. — Au moment où le malade est agité par le trem-

blement, lui faire boire trois fois du café dans lequel on a mis de la saponaire.

834. — Boire des infusions préparées avec de la racine d'ortie blanche, de la racine de fraisier sauvage, du chiendent, de la verveine sauvage, et une poire sauvage.

835. — Boire des infusions d'hysope.

836. — Boire une tasse de café dans laquelle on a exprimé du jus de citron.

837. — Pour une fièvre putride, boire le germe d'un œuf frais délayé dans une cuillerée d'eau-de-vie.

838. — Pour une fièvre tremblante, une heure avant que le tremblement ne vienne, mettre sous chaque aisselle une bouteille d'eau chaude et une sous chaque plante des pieds. Boire des tisanes tièdes : rester au lit pendant l'accès et prendre un bouillon lorsqu'il est passé.

839. — Faire cuire une limace jaune au four, la pulvériser et boire un bouillon dans lequel on aura mis cette poudre.

840. — Faire rougir quatre sous en bronze, les tremper dans un verre d'eau-de-vie, que l'on boira en une seule fois.

841. — Extraire du jus de feuilles d'artichaut et en boire un demi-verre au moment où la fièvre vous fait trembler. Une décoction, le soir, est très-bonne; le remède est excellent pour toute sorte de fièvres.

842. — Mettre une poignée de sel dans une bouteille de vin blanc et en boire à volonté.

843. — Contre la fièvre au pied, se faire faire des pilules de sulfate de quinine et en prendre deux avant de manger.

844. — Boire deux litres d'infusion de bétoine.

845. — Appliquer pendant quinze minutes sur les poignets de la menthe bâtarde qu'on a pilée.

846. — Prendre pour dix centimes de graine d'épinards,

la piler, la passer dans un tamis et la faire infuser pendant vingt-quatre heures dans un litre de vin blanc. En boire un verre à jeun, et un autre au moment de l'accès.

847. — Pour la fièvre quarte, faire rougir un morceau de fer bien rouillé, le tremper dans un verre de vin où l'on mettra une croûte de pain grillée et boire ce vin. En boire trois fois.

848. — Faire bouillir dans deux verres de vin une petite poignée de graine d'ortie, passer et boire deux ou trois fois, à jeun.

849. — Prendre une poignée de racines d'ortie, la laver, la piler, faire infuser dans un verre d'eau-de-vie et appliquer sur le creux de l'estomac.

850. — Faire bouillir douze noyaux de noix dans un demi-litre de vin blanc jusqu'à réduction de moitié et boire au moment de la fièvre.

851. — Faire infuser pendant la nuit trois boutons de frêne dans la valeur de deux verres d'eau et boire, le matin, à jeun. Donner à boire de cette infusion trois jours de suite. Le malade se couchera ensuite et restera au lit jusqu'à ce qu'il transpire; il se lèvera alors et ira faire une promenade. Au retour, il boira un lait de poule composé de bon vin, de crème fraîche, d'un jaune d'œuf frais, le tout bien battu et sucré. En boire pendant huit jours.

852. — Faire tremper pendant vingt-quatre heures un œuf frais dans un demi-litre de vinaigre (moins si la personne est faible) et en faire boire au moment de la fièvre.

853. — Prendre une poignée de suie de cheminée et une poignée de toile d'araignée et faire infuser pendant vingt-quatre heures dans du vinaigre; en faire des applications autour des poignets pendant la nuit.

854. — Faire bouillir de la fiente blanche d'un chien, la valeur d'une demi-cuillerée dans de l'eau; passer, sucrer et boire.

855. — Bien mélanger deux cuillerées et demie d'huile de noix avec deux cuillerées et demie de vinaigre; battre le

— 93 —

tout dans un quart de litre de lait bouilli et en boire au moment de la fièvre.

856. — Boire d'un seul coup deux jaunes d'œufs frais, bien battus avec la valeur de deux verres de cognac, et aller ensuite se promener.

857. — Boire de l'eau-de-vie dans laquelle on a fait infuser de la deuxième écorce de bois de frêne et de la racine jaune.

858. — Faire chauffer des feuilles de verne (aune) fraîchement ramassées et les appliquer sur les pieds.

859. — Faire infuser pendant vingt-quatre heures à l'air des feuilles d'ortie dans du vin blanc ; passer et en boire. — Ou bien, remplacer l'ortie par de la petite centaurée.

860. — Ramasser et appliquer avant le lever du soleil trois feuilles de plantain sur chaque pouls.

861. — Boire deux infusions faites avec la deuxième écorce du saule-pleureur.

862. — Manger une salade de sureau, dans laquelle on aura mis du hareng.

863. — Boire à jeun, pendant trois jours, une tasse de lait dans laquelle on met la valeur d'un petit verre d'eau-de-vie et une gousse d'ail écrasée.

864. — Prendre une toile d'araignée d'écurie, souffler dessus pour en enlever la poussière : la rouler et la mettre dans un pruneau à la place du noyau, et manger le pruneau.

865. — Pour les fièvres muqueuses, trois cuillerées d'huile d'olive par jour, une le matin, à midi et le soir, pendant huit jours.

866. — Prendre la seconde écorce du sureau ; bien piler ; en extraire le jus dont on fait boire une cuillerée pour un homme, une à café pour un enfant ; tisane de petite centaurée.

867. — Faire des infusions avec de la racine de chardon étoilé ; en mettre 5 gr.

868. — Appliquer du bois de frêne ou l'écorce aux jointures des mains, et boire des infusions faites avec le bois ou les feuilles; ceci est bon contre toutes mauvaises fièvres.

869. — Avec les fleurs ou la racine de bardane faire des infusions; cette plante est bonne contre les écorchures, en applications.

870. — Racines et feuilles de benoite, en infusions; si c'est la fièvre des marais, on ajoute trois feuilles de bétoine.

871. — Faire tremper la deuxième écorce du noyer dans du vinaigre blanc pendant vingt-six heures; la poser pendant six heures sur les deux poignets.

872. — Quatre blancs d'œuf frais dans un cinquième de litre d'eau-de-vie de genièvre; battre et laisser toute la nuit au serein; boire en deux fois.

873. — Faire infuser quatre têtes de fleurs rouges de grands chardons dans un pot de deux litres d'eau; en boire trois fois par jour, entre les repas.

874. — Avant le lever du soleil, prendre trois cuillerées d'eau à trois fontaines diverses; mélanger les neuf cuillerées, et les boire.

875. — Pour se préserver de la fièvre, lorsqu'elle est dans le pays, faire chauffer une plaque bien mince d'acier et l'appliquer au-dessus de l'oreille, sur le bord; le faire trois fois.

876. — Mettre trois limaces jaunes sur un poignet et deux sur l'autre; les laisser quarante-huit heures.

877. — Faire infuser dans un litre de vin blanc pendant quarante-huit heures une poignée de germandrée ou petit-chêne, boire ce litre, ensuite bien courir, et changer de chemise; se coucher; et aussitôt qu'une chemise est mouillée, la changer; répéter trois fois à un jour d'intervalle.

878. — Prendre douze feuilles de cassis, les mettre dans un litre de vin blanc, les faire bouillir; boire avant l'accès, à deux reprises.

879. — Boire un quart de verre d'eau-de-vie, avec un dé de poudre et un de poivre.

880. — Piler de l'ail, du persil, quelques grains de sel, de l'oignon, arroser avec de l'eau-de-vie; laisser macérer quatre heures, et appliquer.

881. — Boire du jus de laitue après l'avoir fait bouillir.

882. — Prendre la racine du plantain large, la piler bien fin et la faire infuser dans du vin rouge pendant toute la nuit ; boire au moment du frisson.

883. — Faire chauffer du lait de chèvre, doucement, jusqu'à réduction de moitié ; enlever la crème, ajouter de l'eau-de-vie et boire au moment de la fièvre.

884. — Appliquer six ou sept vers de terre sur le creux de l'estomac jusqu'à ce qu'ils soient secs.

885. — Prendre la deuxième écorce de l'osier jaune, qui croît au bord des ruisseaux ; en mettre une bonne poignée dans deux litres d'eau ; faire bouillir, réduire à un litre ; en boire un petit verre quand la fièvre commence.

886. — Prendre dans les vignes un escargot, le sortir de sa coquille, le mettre vivant sur le pouls, l'y laisser vingt-quatre heures.

887. — Faire bouillir une poignée d'écorce de chêne dans deux litres d'eau, et boire.

888. — Fendre un pigeon et l'appliquer sur la partie malade.

889. — Appliquer des escargots vivants sur le creux de l'estomac, au moment de la fièvre.

890. — Pour les enfants, faire griller une croûte de pain, la tremper dans un verre d'eau, et faire boire.

891. — Demi-verre d'huile d'olive avec un peu de poivre ; battre et boire.

892. — Prendre la deuxième écorce d'un noyer qui n'ait jamais eu de noix, la mettre sur le pouls des deux bras, l'y laisser vingt-quatre heures.

893. — Pour couper les fièvres des marais :
Quinquina, 30 gr.; rhubarbe, 4 gr.; sel de tartre, 2 gr.; sel d'absinthe, 2 gr.; bien battre ensemble, diviser en quatre;

mettre dans une bouteille de vin rouge vieux; en boire un quart au moment du frisson.

894. — Cueillir trente feuilles de laurier-sauce, les attacher, les mettre dans un demi-litre de vin blanc; faire bouillir, réduire à moitié; et quand on tremble, le boire. On doit être couché.

895 — Mettre du jus de citron dans du café, et le boire.

896. — Contre les fièvres intermittentes, hacher du persil, en faire une pelote, la faire infuser vingt-quatre heures dans un litre de vin blanc; en boire un verre avant de trembler.

897. — Prendre deux rates de mouton, les appliquer sous les pieds; les y laisser vingt-quatre heures.

898. — Prendre une bonne poignée de plantain long mâle, le faire bouillir une fois dans un demi-litre d'eau; en boire un verre au premier symptôme de la fièvre, autant le lendemain, ainsi que le troisième jour; ceci coupe toutes espèces de fièvres.

899. — Faire bouillir une fois deux tiges de luzerne dans un quart de litre d'eau; le boire avant de trembler.

900. — Faire bouillir de la germandrée dans du vin blanc, y plonger un fer rouge; boire en trois fois un demi-litre.

Flux de sang.

901. — Délayer 125 gr. de farine de froment dans du vin vieux; faire bouillir et manger ce mélange.

902. — Manger une soupe faite avec de la farine de maïs et du vin.

903. — Faire cuire l'intérieur d'une courge; le presser et le placer en cataplasme sur le nombril. Prendre des lavements avec l'eau qui a servi à faire cuire cette courge.

904. — Prendre trois infusions de bouillon blanc.

905. — Faire tremper un morceau de levain gros comme une noix dans un verre d'eau, et boire cette eau le matin à jeun, deux jours de suite.

906. — Prendre une bouse de vache, la mettre dans une casserole avec de l'huile de colza ou d'olive ; la bien laisser épaissir, et en faire trois emplâtres que l'on appliquera à l'anus ; quand l'un est froid, en mettre un autre chaud ; le même servira trois fois ; boire de la tisane de piloselle.

907. — Dans un demi-litre de vin vieux, mettre une bonne pincée d'airelles ; faire bouillir, et boire ; ou faire cuire une courge (citrouille), et en boire le jus.

908. — Faire bouillir un ventre de veau, écumer, faire bien cuire et passer ; boire jusqu'à quatre tasses du bouillon.

909. — Faire bouillir une chandelle dans du lait et le boire à jeun ; une demi-chandelle pour un enfant.

910. — Faire griller du pain, le tremper dans un litre de vin et manger le pain. Ou faire de la bouillie avec de la farine sans sel, et la manger.

Fluxion de poitrine.

911. — Faire tremper une poignée de pariétaire dans de l'eau ; la mêler avec de la graisse blanche et de la farine, de manière à former un cataplasme que l'on place sur la poitrine. — Appliquer plusieurs de ces cataplasmes.

912. — Appliquer bien chaud sur la poitrine une crêpe (*matefin*) faite avec de l'huile d'olive.

913. — Faire infuser de la verveine sauvage, de l'ortie et du persil, parties égales, et boire ; cela fait vomir.

914. — Faire bouillir une petite pincée de cétérach dans du lait de chèvre et le boire.

915. — Faire bouillir des poireaux, navets ou raves et carottes dans un pot neuf, et boire le bouillon.

916. — 250 gr. d'eau, 100 gr. de sucre ; faire bouillir et réduire d'un tiers ; quand c'est froid, ajouter 60 gr. d'huile d'amandes douces ; 60 gr. de sirop de violette ; bien secouer le tout, et boire en douze heures, par cuillerées ; dans le cas où l'on ne serait pas guéri, ne recommencer que trois jours après.

917. — 30 gr. de poivre blanc ; 12 gr. de séné et 10 gr. de gingembre ; mélanger ces trois poudres, les délayer

dans trois ou quatre blancs d'œufs et battre avec une pincée de sel; mettre sur de la ouate étendue sur un linge; faire ce topique de la grandeur d'une petite assiette, l'appliquer sur la poitrine ou entre les deux épaules, aux reins; le faire trois fois; le laisser douze heures.

918. — Faire bouillir, dans un litre d'eau, une douzaine d'écrevisses dont on a nettoyé la tête; boire le bouillon, après l'avoir salé, et manger les écrevisses. — Remède excellent; le faire deux fois de suite.

919. — Faire bouillir de la racine de fraisier sauvage dans une bouteille de bon vin qu'on laisse réduire à moitié, et boire.

920. — Faire boire un bouillon dans lequel on aura fait dissoudre un morceau d'ocre jaune, gros comme un œuf de pigeon, en ayant soin de bien remuer, afin que rien ne reste au fond du vase.

921. — Boire deux infusions préparées avec l'herbe bourse-à-pasteur.

922. — Prendre un quart de litre de crème fraîche du jour (lait); le boire à jeun.

923. — Faire des infusions avec la graine de plantain.

924. — Casser légèrement les coquilles d'escargots, les saupoudrer avec du sucre et les manger vivants : soit de trois à quatre, matin et soir.

925. — Boire des infusions de verveine.

926. — Prendre une croûte de pain grande comme une assiette, y piquer des clous de girofle, la faire rôtir dans une poêle; arroser avec de l'eau-de-vie et appliquer sur l'es-tomac, toutes les nuits, pendant un mois; ou bien faire cuire du vin, y tremper de la flanelle et l'appliquer pendant six jours. Boire du jus de plantain ou de la tisane de cette plante.

927. — Contre une forte fluxion, faire cuire le crottin d'un cheval entier dans l'urine d'une personne noire ou brune; mettre ce cataplasme sur le cœur du malade.

928. — Prendre la deuxième écorce de tilleul, bien la faire bouillir et ajouter du sucre jusqu'à consistance de sirop; en boire une cuillerée à café toutes les heures.

Fondement.

929. — Pour empêcher le fondement de sortir, faire bouillir de l'écorce de chêne et prendre des lavements avec le liquide.

Foulures, entorses.

930. — Broyer de la racine de l'hièble et du sel gris et appliquer.

931. — Pour une foulure, mélanger de la pariétaire avec de la graisse blanche fondue, et en faire des applications.

932. — Autre remède : Faire des applications de verveine des champs mêlée à des œufs frais.

933. — Mettre de l'huile d'olive dans une assiette; imbiber un morceau de linge de cette huile; y mettre le feu, et, lorsqu'il est brûlé, se frictionner avec le résidu.

934. — Remplir une marmite d'orties et d'eau, et faire cuire jusqu'à ce que l'eau soit évaporée; faire cuire ensuite les orties avec un quart de graisse blanche et appliquer sur le mal. — Ou faire cuire les orties avec du vin et de l'esprit-de-vin.

935. — Pour une entorse, faire fondre dans un pot neuf 500 gr. de sel gris, la moitié d'une chandelle, et ajouter un grand verre de vinaigre; laisser sur le feu pendant une demi-journée. On pose ensuite sur l'entorse des compresses aussi chaudes que possible, trempées dans ce mélange. Ne pas quitter le lit et renouveler le remède autant que besoin sera.

936. — Prendre pour 20 centimes d'alun de roche; le battre avec deux blancs d'œufs dans une bassine de fer-blanc; appliquer pendant huit jours.

937. — Faire cuire de la mercuriale et du séneçon; prendre deux fumigations; ou mettre trois blancs d'œufs sur de la filasse de chanvre et appliquer.

938. — Faire une pommade avec du savon blanc et de l'eau-de-vie, au bain-marie; frictionner et appliquer.

939. — Mêler de l'huile d'olive avec de l'eau d'arquebuse: bien battre et faire des frictions.

940. — Écraser des orties; les arroser avec du vinaigre; faire plus que tiédir et appliquer sur la foulure ou l'entorse.

Furoncles.

941. — Préparer un emplâtre de la manière suivante : 100 gr. de poix de Bourgogne, 100 gr. de résine, 25 gr. de cire vierge; faire fondre dans une casserole; ajouter du beurre frais; vider dans l'eau froide; puis retirer la préparation que l'on place sur une pierre, où on l'étend avec un rouleau. On applique ensuite sur le furoncle.

942. — Faire des applications de plantain rond bien écrasé et pétri avec de la graisse blanche.

943. — Pour faire percer un furoncle, faire des applications d'une cuillerée de savon râpé, bien mélangé avec une cuillerée de miel.

944. — Faire des applications de la préparation suivante : jus de séneçon, graisse blanche, crème fraîche, beurre; le tout bien dissous au bain-marie.

945. — Huile d'olive, cire vierge et litharge d'or, le tout cuit ensemble à parties égales; étendre sur un linge et appliquer.

946. — Faire cuire du séneçon dans de la graisse blanche, l'écraser et l'appliquer.

947. — Faire bouillir du savon blanc râpé dans de la crème épaisse et appliquer.

948. — Contre une glande engorgée au cou: sortir un ou deux escargots de leur coquille, les partager et les appliquer; les changer toutes les douze heures.

949. — Appliquer dessus des feuilles de chou-colza dans le même cas.

950. — Prendre un jaune d'œuf du jour avec une cuillerée de miel, une cuillerée de farine; bien les battre; en faire un onguent, et appliquer.

CHAPITRE VII

Gale.

951. — Manger un fromage blanc broyé avec la valeur de 10 centimes de fleur de soufre.

952. — Pétrir de la terre grasse, l'étendre sur tout le corps et l'y laisser huit heures. Bien se couvrir.

953. — Se frictionner avec de la saumure. Ce remède enlève le dépôt.

954. — Boire des infusions de feuille de frêne et de douce-amère.

955. — Se frotter avec 90 gr. de poivre blanc, 10 centimes de soufre et de l'huile d'olive, le tout bien battu ensemble. Boire pendant trois jours, avant de faire ces frictions, des infusions de saponaire.

956. — Brûler des sarments de vigne, tamiser la cendre et en faire un onguent avec de l'huile d'olive. On s'en frottera les jointures des bras et des jambes et les poignets, en se tenant devant un feu vif.

957. — Faire cuire jusqu'à réduction, dans de l'eau, 60 gr. de racine de patience et 60 gr. de racine d'anémone; ajouter, après avoir passé, 60 gr. de beurre frais, et frictionner matin et soir.

958. — Faire infuser dans un pot, avec 120 gr. d'eau-de-vie et 120 gr. de beurre, de la racine de bardane râpée, 120 gr. de sel, 30 gr. de poivre et 60 gr. de poudre. Couvrir le pot et le mettre vingt-quatre heures dans la terre ou douze

heures dans les cendres, et se frictionner avec le mélange. Avant d'employer ce remède et pour faire sortir la gale, on boira pendant plusieurs jours des infusions de la deuxième écorce de sureau, et on se purgera avec de la bardane.

959. — Percer un œuf frais, en faire sortir le blanc et le remplacer par un dé de poudre de chasse mêlée à de la fleur de soufre. On bouchera l'œuf avec de la mie de pain, et on le fera cuire dans un four. Quand il sera cuit, on pilera ensemble tout ce qu'il contient, et on s'en frottera.

960. — Mêler pour 20 centimes d'huile d'olive avec 10 centimes de fleur de soufre ; s'en frictionner et rester quarante-huit heures au lit.

961. — Bien mélanger ensemble : 250 gr. de beurre frais, une poignée de cendres gravelées, une poignée de feuilles de laurier pulvérisées, 10 gr. de tabac à priser et deux bonnes pincées de fleurs de soufre. Lorsque le tout sera bien broyé, on en fera des boulettes de la grosseur d'un œuf de pigeon, et chaque jour, tant qu'il y en aura, on se frictionnera avec une de ces boulettes, matin et soir. — Avoir soin, avant de les reporter, de faire laver les habits que l'on a gardés pendant la durée des frictions.

962. — Pour guérir un dépôt de gale très-mauvais : boire trois gouttes d'essence de soufre dans une cuillerée d'eau, en trois matins ; n'en pas mettre davantage, sous peine d'en souffrir plus tard.

963. — Prendre une demi-livre de beurre, une tête d'ail, une poignée de sel, une feuille de laurelle hachée ; en faire trois boules et se frictionner devant le feu ; après l'avoir fait trois fois, se purger.

964. — Contre la gale des nègres : prendre un œuf frais, le faire cuire dans un pain au four ; prendre le jaune ; le délayer avec 60 gr. de poivre, 60 gr. de sel gris ; s'en frotter pendant huit jours.

965. — Contre un dépôt de gale : une livre de beurre frais, une demi-livre de sel ; le faire dissoudre au bain-marie, ensuite l'éloigner du feu, y mettre un quart de poudre ; bien remuer ; prendre un chiffon de toile pour se frotter avec cet onguent ; le faire trois soirs ; ensuite prendre un bain, et faire porter les plus mauvais habits.

966. — Écraser une poignée de racine d'oseille sauvage, environ une demi-livre, avec une demi-livre de beurre; délayer ensemble; se bien frotter, une seule fois, tout le corps, et se coucher dans une mauvaise chemise.

967. — Un verre de vin blanc, une pincée de fleur de soufre; boire à jeun. Prendre de la fleur de soufre et de l'huile d'olive; délayer et s'en frotter les jointures.

968. — 30 gr. d'ellébore noir, 15 gr. de fleur de soufre; 125 gr. de beurre frais; faire fondre ensemble; se frictionner tout le corps, excepté les testicules et la figure; boire un demi-litre de vin bien chaud et se mettre entre deux matelas; le lendemain matin, se laver avec de l'eau de sel et se purger.

969. — Étendre du beurre frais sur une feuille de pas-d'âne, et l'appliquer.

Gangrène.

970. — Écraser des noix vertes, les pétrir avec de l'huile d'olive, et appliquer.

971. — Piler la feuille du cardon à carder et en faire des applications.

972. — Écraser de la morelle solanum; arroser le mal avec le jus et appliquer l'herbe écrasée.

973. — Écraser des feuilles de fèves de marais avec du sel, et les appliquer.

974. — Prendre une suffisante quantité de vers de terre, les piler dans de l'eau-de-vie que l'on fait chauffer, les étendre sur un linge et appliquer bien chaud sur la partie malade. Changer l'application deux fois par jour.

975. — Mettre la quantité nécessaire de vinaigre dans un vase et y tenir la partie malade. — Bon remède, mais qui fait souffrir.

976. — Faire infuser à l'air, pendant vingt-quatre heures, des orties blanches dans un litre de vin blanc sec, et appliquer des compresses après avoir lavé la plaie.

977. — Mettre sur le mal du fromage blanc frais, que l'on renouvelle lorsqu'il a séché, ou des tranches de citron.

978. — Couper de l'herbe et l'appliquer en compresses arrosées d'huile camphrée.

979. — Prendre une benne, faire dessous un trou dans lequel on met un bouchon de paille ; remplir la benne d'eau aux trois quarts ; y ajouter de la glace et faire couler l'eau par la paille, de manière que l'eau tombe goutte à goutte, du côté du cœur, aussi près que possible du mal, pendant vingt-quatre heures.

980. — Faire bouillir pendant douze heures sur du charbon de bois, dans un pot neuf, deux bouteilles de vin très-vieux, 1 kilo de sucre et 10 gr. de quinquina ; en boire par petits verres le matin pendant trois jours et en faire des applications.

981. — Applications de millepertuis arrosés d'huile d'olive.

982. — Si la gangrène provient d'un bouton, râper de la racine jaune, ou en extraire le jus, et faire des applications, après avoir lavé la plaie.

983. — Faire cuire un oignon blanc dans de la braise, en enlever le cœur, que l'on remplace par de la thériaque, et l'appliquer sur le mal.

Gastrite.

984. — Faire cuire une bonne poignée de poireaux dans 125 gr. de beurre frais, auxquels on ajoute 2 litres d'eau salée, et boire en infusion. Également bon pour une rétention d'urine.

985. — Boire chaque matin deux prises de bismuth dans un demi-verre d'eau.

986. — Carottes coupées par tranches et bouillies dans l'eau, et un demi dé de rhubarbe en grains bouillie avec les carottes ; faire infuser dans cette décoction une pincée de quinquina, et boire : prendre, avant le repas, une demi-cuillerée à café de magnésie pendant un mois.

987. — Prendre trois fois par jour une cuillerée de la potion suivante :
Bicarbonate de soude, 5 gr. ; eau, 200 gr. ; sirop d'oranges, 30 gr.

988. — Râper de la coloquinte ; l'appliquer sur l'estomac.

Glandes.

989. — Pour faire fondre les glandes, prendre une poignée de laine d'un mouton vivant, et l'appliquer; ou un bas de laine rempli de cendres chaudes.

990. — Faire bouillir un oignon de lis, avec 5 centimes de graine de lin, dans un quart de litre d'eau; bien le délayer et l'appliquer sur le mal; le faire trois fois; application de cendres de bois; bien laver la place.

Goître.

991. — Faire griller une éponge brute, telle qu'elle sort de la mer; la pulvériser; faire bouillir les cendres et boire l'eau.

992. — Faire brûler du liége neuf avec une éponge d'églantier; mettre les cendres dans du vin, le sucrer et le boire; tenir le cou enveloppé avec de la laine.

993. — Préparer, d'un côté, un mélange ainsi composé: douze grosses têtes de poireaux, 60 gr. d'éponge coupée bien menue, une chopine d'eau, de la fleur de soufre que l'on fait brûler dans un creuset. — D'un autre côté, mettre douze cailloux rougis au feu dans une marmite où l'on a versé un verre et demi d'eau. — Boire chaque fois une petite quantité de cette eau dans laquelle on aura mis un peu de la poudre qui se trouvera au fond du creuset.

994. — Prendre un morceau de soie écarlate de dix centimètres carrés environ, le faire brûler sur une pelle rouge après l'avoir humectée avec du vin blanc, la réduire en poudre et la mettre dans de l'eau-de-vie dont on boira un petit verre tous les matins, à jeun.

995. — Envelopper dans un morceau de laine des pommes de terre cuites dans la braise, que l'on a écrasées et sur lesquelles on a mis du sel non pilé, et en faire des applications.

996. — Faire chauffer à sec dans une casserole de cuivre ou de fer, 60 gr. de plâtre tamisé, 30 gr. de sel de cuisine et 16 gr. de sel ammoniac; mettre le tout dans un sachet de

mousseline ou de toile bien fine, que le malade portera pendant vingt jours, le jour et la nuit, sur son goître. — Faire calciner au four deux éponges fines, les piler dans un mortier, passer le résidu, faire de la poudre qui en résultera vingt paquets égaux et en prendre un chaque matin dans une cuillerée de soupe.

997. — Faire griller au four une éponge fine, la réduire en poudre, et en mettre le résidu dans une casserole avec 60 gr. de sucre; délayer le tout dans un peu d'eau et épaissir avec la poudre tamisée d'un pot de terre neuf que l'on aura bien pilé dans un mortier. Préparer avec ce mélange de petites boulettes grosses comme des noisettes et en prendre une chaque jour, trois heures avant de manger, tant qu'il y en aura.

Gorge (Maux de).

998. — Faire bouillir des raves noires dans de l'eau et du vinaigre, et se gargariser.

999. — Prendre des infusions de feuille de lierre terrestre.

1000. — Pour une rougeur au gosier, prendre de la poudre d'alun de roche, en mettre dans un tuyau de plume ou un chalumeau de paille, et en souffler dans le gosier.

1001. — Pour guérir un mal d'humeur dans la bouche, saupoudrer pendant neuf jours avec de l'amidon.

1002. — Pour le mal de gosier, quand on ne peut plus avaler, se serrer fortement les oreilles avec les mains, et boire de la tisane nourrissante ou du bouillon.

1003. — Pour un mal de gosier, se gargariser, de demi-heure en demi-heure, avec une infusion de feuilles de ronce et de fleurs de chèvrefeuille en quantités égales.

1004. — Pour un picotement de gosier, boire le matin, à jeun, pendant trois jours, une infusion de centaurée sucrée avec du miel.

Gorge ou Langue chargée.

1005. — Pour débarrasser la langue chargée, faire des infusions avec de l'écorce d'orange; s'en gargariser plusieurs fois.

Goutte.

1006. — Dès qu'on ressent les symptômes de cette maladie, il ne faut manger, pendant cinq jours, que du lait caillé.

1007. — Envelopper la partie malade avec des feuilles de bardane.

1008. — Faire cuire dans un pot neuf de l'huile rosat, de la mie de pain, des jaunes d'œufs, du lait de vache, du safran, le tout en égales quantités, jusqu'à ce que le mélange se soit bien opéré; en étendre sur de l'étoupe et appliquer sur le mal.

1009. — Râper de la racine de consoude sur des feuilles de lierre terrestre, et faire plusieurs fois des applications sur la douleur.

1010. — Pour se préserver de la goutte, avaler une gousse d'ail tous les matins, pendant le déclin de la lune.

1011. — Prendre les feuilles naissantes de sureau, avec autant de racines de plantain, écraser ensemble, incorporer avec de vieille graisse blanche d'un porc mâle, et appliquer.

1012. — Prendre gros comme une noisette de racine de spatula fœtida, la mâcher et la manger le matin, à jeun, une fois par semaine.

1013. — Prendre dans une bouteille de verre double : 100 gr. de racines d'iris, 280 gr. de feuilles de romarin, avec les fleurs, s'il est possible, 100 gr. de jalap; le tout pulvérisé, avec un demi-litre d'eau-de-vie, bien boucher cette bouteille et la tenir dans un lieu médiocrement chaud pendant trois jours; ensuite, y verser un litre et quart de très-bon vin, et, trois jours après, le tirer au clair et en boire un petit verre à jeun, surtout par les temps humides et froids.

1014. — Faire des infusions avec des feuilles de frêne ; en boire pendant un an.

1015. — Écraser des graines de café non brûlé ; les faire bouillir et en boire quatre fois (dans les premiers symptômes).

Gravelle.

1016. — Faire bouillir du lait, y mettre infuser du séneçon, et le boire.

1017. — Boire des infusions avec de la pariétaire ; et appliquer la plante au bas-ventre.

1018. — Manger, les premier, deuxième et troisième jours de chaque mois, un petit morceau de savon de 3 millimètres cubes.

1019. — Extraire du jus d'oignons blancs et faire des injections jusqu'à la vessie.

1020. — Prendre six écrevisses, les bien faire sécher dans un four, et les réduire en poudre, que l'on passe dans un tamis. Préparer des pilules avec cette poudre et du beurre, en manger deux ou trois tous les jours, et boire par-dessus un verre de vin blanc.

1021. — Mélanger deux cuillerées d'huile d'olive vierge avec autant de vin blanc, et en boire à jeun les trois derniers jours de la lune.

1022. — Prendre à jeun 15 gr. de poudre de thym dans un verre de vin blanc.

1023. — Broyer de la racine d'asperge, de l'arrête-bœuf et de l'anis, et en prendre dans du vin blanc ou du miel.

1024. — Pour la gravelle des reins, boire à jeun du vin blanc dans lequel on a mis et laissé pendant la nuit du jus d'herniaire.

1025. — Pour la gravelle des petits enfants, faire boire du vin dans lequel on a fait tremper de la graine de pivoine rouge.

CHAPITRE VIII

Hémorrhagie.

1026. — Appliquer sur la plante des pieds (faire ce remède quatre fois) des cataplasmes de pommes de terre cuites à l'eau et saupoudrées de moutarde.

1027. — Faire brûler les poils de la barbe d'un homme et en priser les cendres.

1028. — Tremper un linge dans l'eau et l'appliquer sur les parties. Le faire plusieurs fois.

1029. — Mettre en pilules de l'alun de roche pulvérisé avec du pain d'hostie; la valeur de quatre grains de blé dans chaque pilule. Prendre cinq pilules, de demi-heure en demi-heure.

1030. — Plier du papier mou en plusieurs doubles et l'introduire sous la langue, — ou se coucher sur le carreau.

1031. — Mettre une tranche de citron sous la langue. Le faire plusieurs fois.

1032. — Quand le malade a perdu du sang, lui mettre une goutte de vinaigre dans l'oreille, du côté du nez par où le sang coule.

1033. — Mettre dans la bouche du sucre imbibé d'éther.

1034. — Lier les deux doigts majeurs avec du fil; bien serrer les doigts.

1035. — Mettre sur le front un linge imbibé d'arnica.

1036. — Tremper un linge dans du vinaigre, le plier en plusieurs doubles et l'appliquer derrière le cou.

1037. — Envelopper la personne dans de la renouée, lui faire mettre les pieds dans l'eau et lui placer un caillou à chaque main et sous chaque aisselle.

1038. — Faire boire du jus d'ortie.

1039. — Tenir dans la main de l'herbe appelée bourse-à-pasteur du côté où l'on saigne, ou en faire un tampon.

1040. — Mettre sous la langue une feuille de fraisier.

1041. — Faire calciner de la fiente de porc sur une pelle rouge ; la priser comme du tabac, et se boucher le nez.

1042. — Prendre un seau d'eau bien fraîche, y tremper un drap et l'appliquer sur le dos brusquement ; l'y laisser une minute au plus.

1043. — Écraser une poignée de queues de poireaux et les appliquer sur le crâne.

1044. — Faire des infusions de racines d'ortie ; en boire ; lever les bras en l'air.

1045. — Faire dissoudre 15 gr. d'alun dans un verre d'eau et le boire.

1046. — Prendre une fleur de grenadier double ; la faire sécher et la pulvériser ; en prendre une prise et tamponner l'anus avec la renouée des oiseaux.

Hémorrhoïdes.

1047. — Boire du petit-lait, le matin à jeun.

1048. — Faire des applications d'herbe de scrofulaire noueuse grillée dans de la graisse blanche.

1049. — Faire une pommade avec dix centimes d'axonge mâle et 3 gr. d'iodure de potassium que l'on fera fondre au bain-marie jusqu'à mélange complet, et qu'on laissera ensuite refroidir. Se graisser le doigt avec cette pommade, et le matin, à jeun, faire un cercle autour du mal. On se graissera tous les jours en faisant chaque jour le cercle plus petit, c'est-à-dire plus rapproché du mal. Au bout de trois jours on est guéri. On prendra en même temps des infusions de thé ou de tilleul, dans lesquelles on mettra 50 centigrammes d'iodure de potassium, à boire dans la journée. — Cette pommade est également bonne pour les douleurs.

1050. — En automne, ramasser de la racine de scrofulaire; bien la broyer et la mélanger avec du beurre frais; mettre le tout dans un pot qu'on laisse quinze jours dans un lieu humide. Après ce temps, on fait fondre le beurre au bain-marie; on passe et on conserve cet onguent dans des pots, pour s'en servir au besoin.

1051. — Faire brûler du bois de chêne vermoulu; lorsqu'il est en feu verser dessus, goutte à goutte, de l'huile de navets qu'on recueille dans une assiette; recommencer jusqu'à ce que l'huile soit réduite au tiers. Oindre le mal avec cette huile.

1052. — Mélanger en égale quantité de la poudre d'ardoise bien fine avec du beurre du mois de mai. Se servir en onctions de cet onguent cinq ou six fois par jour; passer du suif après toutes les fois que l'on s'en est servi.

1053. — Prendre une cuillerée de graisse d'anguille, un jaune d'œuf frais, et battre ensemble jusqu'à ce que ce soit un onguent; imbiber de cet onguent de la charpie que l'on placera en compresses sur le mal. Changer la compresse aussitôt qu'elle est sèche. — Pour avoir de la graisse d'anguille, il faut la faire bouillir et ramasser l'écume qui surnage; ou la faire rôtir et ramasser la graisse qui en dégoutte.

1054. — Pour se préserver des hémorrhoïdes, il faut porter sur soi de la racine de scrofulaire.

1055. — Faire des fumigations avec de la vapeur d'eau dans laquelle on aura fait bouillir des fèves noires. — La même préparation peut servir plusieurs fois.

1056. — Faire cuire dans un litre d'eau des poireaux, réduire en graisse, et en frotter l'anus plusieurs fois.

1057. — Piler de la grande joubarbe avec de l'huile d'olive et appliquer en dehors de l'anus; frotter avec de la racine de sceau de Salomon.

1058. — Se bassiner avec de l'esprit-de-vin.

1059. — Prendre dix centimes de moules ; les faire bouillir et faire des fumigations.

1060. — Mettre une poignée de fleurs de souci dans un bain, et le prendre ; mettre les feuilles dans l'anus.

1061. — Dix centimes de panne de porc, moitié d'un pain de cire vierge, deux blancs de poireaux ; faire fondre les deux premiers ; découper les poireaux, les faire frire et passer ; mettre à l'anus, le soir, des boulettes de cet onguent.

1062. — Faire rôtir ou frire une poignée de cloportes, les mélanger avec de l'huile d'olive, en faire un onguent et s'en frotter.

1063. — Faire rôtir un bouchon de liége sur une pelle rouge ; le pulvériser ; le pétrir avec du beurre frais et l'appliquer.

1064. — Défiler une corde goudronnée et l'appliquer ; en remettre après avoir été à la selle.

Hernies.

1065. — Battre ensemble de la farine de seigle et trois glaires d'œufs frais ; mettre ce mélange sur de l'étoupe de chanvre, saupoudrer avec de la poudre de racine de grande consoude et faire des applications. — Rester couché jusqu'à guérison.

1066. — Hacher ensemble de la grande consoude, de la valériane, de la sauge, de la pâquerette, — il faut que toutes ces plantes soient fraîches, — et faire des applications pendant six jours.

1067. — Pour une hernie d'enfant, faire sur les parties des applications de farine de seigle délayée.

1068. — Pour guérir une hernie ancienne, tremper de l'amadou dans du vinaigre rouge, et appliquer sur la hernie ; humecter de temps en temps la bande avec de l'eau fraîche. — Rester couché au moins cinq jours sur les reins.

1069. — Faire des frictions et des applications avec de la graisse blanche mâle.

1070. — Tenir appliquées sur la hernie des enveloppes de graine de vers à soie.

1071. — Faire bouillir dans de l'eau 90 gr. de farine de fève, 60 gr. de farine de lupin, une pincée de fleurs de camomille, une pincée de roses de Provins sèches; ne mettre que l'eau nécessaire, et quand le tout est suffisamment cuit, y mêler une suffisante quantité de miel pour donner de la consistance à la préparation. On ajoutera alors 90 gr. d'huile de laurier. Si l'on n'a pas sous la main de l'huile de laurier, la remplacer par des fruits ou des feuilles de la même plante infusées dans de l'huile d'olive. On passera ensuite le mélange, et, lorsqu'on en aura bien exprimé le jus, on en fera des applications bien chaudes, quatre fois par jour sur la partie malade.

1072. — Quand le fondement sort aux enfants, il faut le rentrer avec douceur, en prenant garde de le déchirer avec l'ongle.

1073. — Écraser de la racine de grande consoude, la saupoudrer avec de la râpure de noix muscade, la mettre sur un linge fin, et appliquer jour et nuit jusqu'à guérison.

1074. — Écraser de la racine de grande consoude; la saupoudrer avec de la râpure de noix muscade; la mettre sur un linge fin et l'appliquer nuit et jour pendant plusieurs jours.

1075. — Prendre de la racine de grande consoude, de polytrie, et un escargot; faire griller sur une tuile au four; pulvériser et faire de la tisane; mettre une cuillerée de cette poudre dans un verre de lait de chèvre bourru et boire; le faire trois mois. Appliquer de la racine écrasée de grande consoude et porter un bandage; ceci est bon pour un enfant de six mois à vingt ans.

1076. — Faire fondre 250 gr. de beurre frais et 250 gr. de graine de genièvre qu'on laisse cuire; quand on retire du feu, on ajoute un quart de litre d'eau-de-vie; bien remuer longtemps jusqu'à la consistance; ensuite on met de ce mélange sur de la toile que l'on applique sur le mal, avec un bandage pour la maintenir; il faut faire ce remède très-longtemps; mais il est bon.

1077. — Pour la descente du nombril ou du testicule : quinquina rouge dans de la lie de gros vin et sucre en poudre; laisser tremper deux heures et faire des compresses avec.

1078. — Prendre de la sensitive et une herbe blanche et cassante, qui croît sous les pierres au bord de l'eau, en parties égales ; faire bouillir ; boire la décoction et appliquer le résidu jusqu'à guérison.

1079. — Appliquer pendant trois soirées, des débris de meule de coutelier ou autre ; auxquels on a ajouté du lard rance avec de l'ail ; le tout réduit à l'état de pommade.

1080. — Prendre une casserole neuve vernie ; y mettre un litre d'eau et une bonne poignée de sel ; la placer sur un feu très-doux ; quand l'eau sera tiède, y mettre un œuf frais du jour ; si l'œuf reste au fond, ajouter une demi-poignée de sel, et il doit remonter de suite à la surface de l'eau ; aussitôt qu'il sortira d'un quart ou d'un tiers, retirer le tout de dessus le feu ; prendre une cuillère en étain ; bien remuer le sel et le faire dissoudre ; ajouter une cuillerée de café bien fort et vider dans un litre ; boucher hermétiquement ; le remède est fait. Pour s'en servir, il faut mettre un quart de litre dans la même casserole neuve et vernie, la tenir sur un feu très-doux pour faire tiédir. Préparer deux linges de toile à quatre doubles, les tremper alternativement l'un après l'autre et les appliquer sur la hernie successivement ; ne pas les laisser sécher dessus ; il faut que les linges aient de quinze à vingt centimètres ; ne pas se lever de douze heures.

1081. — Aux enfants, faire avaler un limaçon que l'on trouve dans les choux ou dans les salades : trois matinées consécutives.

1082. — Prendre des limaces rouges au mois de juin ; les mettre dans un litre ; les faire dissoudre au soleil et en faire des cataplasmes sur la hernie.

1083. — Fleur de seigle, un dé ; autant de poudre de chasse ; faire infuser dans un verre de vin blanc, et boire à jeun jusqu'à guérison.

Hoquet.

1084. — Priser de la poudre de muguet. — Très-bon également pour le mal de tête.

1085. — Priser du sel fin. Une seule fois suffit.

1086. — Prendre un demi-verre d'eau, y introduire une lame de couteau, et boire.

1087. — Boire un verre d'eau; boucher ensuite les deux oreilles avec les index.

Humeurs froides.

1088. — Boire jusqu'à guérison du bouillon gras dans lequel on mettra une pincée de chélidoine.

1089. — L'huile de boutons de feuilles d'orme guérit toutes les humeurs.

Hydrophobie (Rage).

Celse est un des premiers qui ait décrit la rage de l'homme, et qui ait conseillé des remèdes contre cette cruelle maladie.
Elle fut connue de Refus, d'Ephèse ; mais Galien en donna une description plus étendue et plus méthodique.
La rage est plus commune dans quelques pays que dans d'autres; elle est plus fréquente dans les pays chauds que dans les pays froids ; les anciens ont établi que la rage était commune dans les pays où il fait une excessive chaleur et dans ceux où le froid est extrême.

SIGNES DE LA RAGE DU CHIEN

La rage attaque plusieurs espèces d'animaux, et le chien est celui qui y est le plus sujet; aussi cet animal domestique la communique-t-il fréquemment à l'homme.
Le chien n'est pas longtemps à être atteint de la rage, lorsqu'il devient triste et hargneux; qu'il a du dégoût pour les aliments, et surtout pour la boisson, qu'il a les yeux mornes, abattus; qu'il éprouve des inquiétudes qui rendent sa marche irrégulière.
Si le chien enragé trouve un ruisseau sur son passage, il recule épouvanté; sa marche est telle, que tantôt il court avec une précipitation extrême, et que tantôt il se ralentit; il suit souvent une ligne droite, en sautant les haies et les fossés, et quelquefois il se détourne à droite et à gauche, d'un pas mal assuré ; sa langue sort de sa gueule, de laquelle coule une quantité plus ou moins grande d'une humeur salivaire, gluante ou écumeuse; il tient sa tête et sa queue basses, et tâche de mordre ceux qu'il rencontre; il ne connaît plus ses maîtres; on ne l'entend plus aboyer; ou si quelquefois il aboie, sa voix est rauque ; les autres chiens le fuient, et c'est le signe le plus certain qu'il est attaqué de la rage.

Telle est la description du chien enragé, que les anciens médecins ont donnée, et que les modernes ont acceptée.

- Les yeux des chiens enragés sont mornes et larmoyants, mais ce n'est que lorsque la rage commence; car, lorsqu'elle est confirmée, les yeux sont rouges comme le feu, hagards, tantôt fixes et tantôt agités par diverses convulsions.

On doit observer, relativement à la marche de cet animal, qu'elle est lente quand la rage commence, et, lorsqu'elle est à son plus haut point, l'animal court avec une extrême vitesse; il finit par marcher à la manière d'un homme ivre, lorsqu'il est sur le point de périr. Ces signes assez constatés suffiront pour nous convaincre de la présence de la rage, qu'il est d'autant plus essentiel de connaître, lorsque quelqu'un a été mordu, qu'on peut s'occuper sur-le-champ de lui administrer les remèdes ci-après.

Pour être bien convaincu de la rage de l'animal, il faut frotter la gueule, les dents et les gencives du chien mort, avec un morceau de viande cuite, et le présenter à un chien vivant; s'il le refuse en criant et en hurlant, l'animal mort était enragé, pourvu cependant, qu'il n'y ait point de sang à la gueule; si la viande a été bien reçue et mangée, l'animal n'était point enragé.

La bave de l'animal enragé est la partie de son corps la plus contagieuse, et il est à présumer qu'elle conserve sa mauvaise qualité après la mort de l'animal.

TRAITEMENT DE LA RAGE

Dans les Archives de Rouen, on a trouvé le remède ci-dessous contre la rage:

Lorsqu'une personne est mordue par un chien enragé, employer de suite le procédé suivant:

Pour une personne, il faut prendre trois œufs bien frais, et en ôter le germe; pour un bœuf ou un cheval, quatre œufs; crotte de vers prise entre l'écorce et le bois de chêne, coupé depuis un an ou deux, la pesanteur de deux liards anciens; battre les œufs avec cette poudre dans une assiette neuve, mettre de l'huile de noix dans la poêle pour faire l'omelette, la manger quatre heures après avoir dîné, et ne rien prendre de quatre heures après. Il faut la faire sans sel; pour ces trois œufs, employer la valeur d'une pleine coque d'huile de noix tirée sans feu: elle est meilleure.

Si l'on ne peut pas se procurer de la poudre de vers moulue, il faut prendre de la racine d'églantier exposé au soleil levant, l'arracher, autant que cela se peut, dans la pleine lune de mars; l'églantier est une épine qui produit des roses sauvages et a une espèce d'éponge à la branche; quand l'églantier est arraché, il faut bien ôter toute l'écorce de la racine et de la tige de l'arbrisseau, et qu'il n'en reste absolument point; la racine est la meilleure; vous laisserez sécher cet églantier bien pelé, vous le râperez avec une lime à bois, bien fine et bien propre; il ne faut pas râper la moelle; cette poudre se conserve tant que l'on veut, il faut en mettre de la pesanteur de trois liards avec les œufs.

Bien sécher la poêle après l'avoir lavée avec soin, afin qu'il n'y ait point de graisse.

Sur la plaie on peut mettre une omelette semblable pendant neuf jours, et jeter ensuite dans le feu cet emplâtre, pour qu'aucun animal n'en mange.

Un berger ayant été mordu par un chien enragé, on mit sur la morsure une compresse trempée dans l'alcali et on ordonna au malade de boire pendant quatre jours douze gouttes d'alcali délayées dans environ cent grammes d'eau, ce qui fit disparaître les symptômes de la rage.

1090. — Enfermer la personne atteinte dans une chambre où l'on a mis beaucoup d'oignons et dire au malade de les mordre et d'en manger. Soixante et quelques personnes ont été guéries de cette façon. L'essence de l'oignon détruit donc le venin et le virus de la rage.

1091. — Faire bouillir une poignée de petites pommes de stramonium dans un demi-litre d'eau pendant cinq minutes et boire. — 250 personnes guéries.

1092. — Pour se guérir de la rage, prendre des bains à 60 degrés de chaleur.

1093. — *Pour se préserver*, boire une infusion ainsi composée : une poignée de feuilles de frêne, du bois de genêt, du vin et de la graine de lin ; faire bouillir à petit feu.

1094. — Faire une omelette de quatre œufs, dans laquelle on a râpé de la racine de houx, et cuite sans sel dans de l'huile de noix vierge. Manger cette omelette lorsqu'il y a quatre heures que l'on n'a rien pris et ne rien manger pendant l'espace de quatre heures après.

1095. — Un moyen très-sûr pour se préserver de la rage : faire infuser pendant une nuit dans un verre de vin blanc vieux, une poignée de pâquerettes blanches, autant d'herbe de la rue, de persil, de scorsonère, de racine de poireau, le tout bien écrasé. On en boira un demi-verre à jeun ; si l'on rendait le remède, il faudrait recommencer.

1096. — Pour préserver les chiens, mettre dans leur soupe de la seconde écorce de bois de sureau, pendant huit jours.

1097. — Manger une omelette faite avec un œuf frais du jour, du jaune duquel on a enlevé le germe, et battu avec trois herbes différentes hachées ; faire cuire l'omelette dans de l'huile de noix vierge.

1098. — Pour se préserver de la rage, boire des infusions faites avec une poignée de la pointe des fleurs de genêt.

1099. — Dans les grandes chaleurs, comme dans les grands froids, on devrait faire prendre aux chiens, tous les quinze jours, le remède ci-dessus indiqué pour les préserver de la rage. Cela ne coûterait pas beaucoup et éviterait de bien grands malheurs.

1100. — Faire sécher de la scrofulaire et la réduire en poudre ; faire trois rôties de beurre, les saupoudrer avec ladite poudre ; en manger une matin et soir pendant 14 jours et boire trois infusions de la même poudre, à même intervalle ; il sortira un bouton noir sous la langue, le brûler avec la pierre infernale.

1101. — Moyen pour connaître si une personne qui a été mordue, l'a été par un chien en état d'hydrophobie : couper une fève en deux, appliquer une moitié sur la plaie ; si elle reste attachée, c'est un signe que l'animal était enragé ; sinon n'avoir aucune crainte.

1102. — Trois poignées de datura stramonium ou pomme épineuse ; les faire bouillir dans un litre d'eau, réduire à moitié ; faire boire cette tisane en une fois ; la rage survient, mais elle est de courte durée.

1103. Faire brûler trois coquilles d'huîtres, les pulvériser ; prendre un quart d'huile de noix vierge et trois œufs frais ; en sortir le germe ; faire une omelette du tout ; ensuite bien courir pour suer et bien se couvrir ; manger l'omelette quatre heures après, et ne rien manger de quatre heures.

Hydropisie.

1104. — Manger des oignons blancs, avec du pain et du sel, pendant vingt ou vingt-cinq jours. A souper, ne manger que du lait.

1105. — Manger jusqu'à guérison des oignons blancs cuits au four; boire des infusions de fleurs de genêt.

1106. — Boire de la tisane faite avec des panais, de la fleur de sureau, trois pommes de sorbier et une pincée de genièvre.

1107. — Boire des infusions avec de la deuxième écorce de sureau, que l'on a bien écrasée dans un étau ou pilée.

1108. — Écraser des oignons, du cresson, et des panais, et boire le jus que l'on en extrait jusqu'à guérison.

1109. — Boire pendant neuf jours, le matin à jeun, à midi et le soir, une heure avant le repas, un bol d'un litre d'eau dans laquelle on aura fait infuser une poignée de fleurs de reine des prés.

1110. — Écraser soixante escargots avec des oignons, et en faire un cataplasme que l'on laisse sur la plante des pieds pendant vingt-quatre heures.

1111. — Faire brûler un gros fagot de genêt non fleuri, ramasser les cendres, les faire cuire en infusion et boire.

1112. — Pour uriner, boire des infusions de pariétaire et de bardane.

1113. — Boire, matin et soir, jusqu'à guérison, une cuillerée de la première urine d'une vache noire.

1114. — Mettre dans un pot neuf une bouteille de vin blanc vieux; y laisser infuser pendant vingt-quatre heures de la cendre de bois de genièvre, et en boire, jusqu'à guérison, un verre de trois en trois heures.

1115. — Boire tous les jours, quand on est bien au chaud dans son lit, un demi-setier de lait salé dans lequel on aura fait bouillir un oignon blanc.

1116. — Boire des infusions de racine de fragon piquant et de racine de fraisier.

1117. — Prendre un gros crapaud des bois; après l'avoir bien lavé dans l'eau en le tenant avec des pinces, le mettre au four dans un pot bien bouché, le pulvériser, ensuite boire des infusions de tilleul dans lesquelles on met deux prises de cette poudre.

1118. — Boire pendant un mois de l'infusion suivante: faire bouillir dans un litre d'eau une cuillerée à bouche de sel de nitre, sept ou huit graines de courge, autant d'amandes, de la racine de fragon, de la racine d'asperge, de la racine de bugrane épineuse; sucrer avec du sirop des cent racines.

1119. — Faire boire au malade, jusqu'à guérison, des feuilles, de la deuxième écorce et de la poussée courante de frêne que l'on a fait infuser dans du vin blanc.

1120. — Faire rôtir des grillons et en prendre tous les jours une prise dans une cuillerée de bouillon.

1121. — Mettre dans une bouteille de vin blanc un verre de graines de genièvre, les laisser infuser vingt-quatre heures; en boire un verre à jeun le matin, un autre le soir; faire bien chauffer le lit en le parfumant avec des graines de genièvre et du sucre, et se coucher.

1122. — Bien boire du bouillon de poireaux en infusion; en boire pendant un mois continuellement.

1123. — Envelopper le malade dans des feuilles de frêne et de bouillon blanc; le faire quatre fois.

1124. — Faire brûler un balai de bouleau, mettre les cendres dans un litre de vin blanc pendant vingt-quatre heures, en boire un petit verre à jeun.

1125. — Faire infuser des cendres de vulnéraire dans du vin blanc et le boire.

1126. — Faire cuire des orties blanches; en prendre des bains et de la tisane; le faire six semaines.

1127. — Piler des feuilles de millepertuis et des raves ou navets; boire le jus.

1128. — Faire cuire une courge entière dans une marmite; la mettre entre deux linges; l'appliquer.

1129. — Faire infuser du gui d'aubépine, dans du vin blanc pendant quarante-huit heures, et boire ; ou bien faire cuire de l'écorce d'orange et des graines de courge avec des fleurs de genêt, et boire.

1130. — Cueillir du genêt ; le faire brûler ; prendre soixante grammes des cendres ; les mettre dans une bouteille de vin blanc ; les laisser infuser vingt-quatre heures et remuer ; en boire un verre matin et soir.

1131. — Trois livres de queues de cerises ; les faire griller sur une pelle rouge ; les réduire en poudre ; mettre cette poudre dans trois litres de vin blanc vieux ; en boire un verre à jeun, un autre avant le repas de midi ; et trois verres avant le repas du soir.

1132. — Faire cuire des épinards dans l'eau ; couler et appliquer sur le ventre ; et boire du vin blanc sucré comme ci-dessus.

1133. — Prendre 15 gr. de chacune des substances suivantes :

Scammonée en poudre, jalap, extrait de coloquinte, aloès, magnésie calcinée, réglisse en poudre ; mettre le tout en pâte et faire d'un gramme quatre pilules ; en manger de une à cinq par jour.

CHAPITRE IX

Indigestion.

1134. — Boire un demi-verre de vin dans lequel on a mis cinq gouttes d'alcali.

1135. — Prendre une tasse de thé vert avec une cuillère à café.

1136. — Faire bouillir dans un litre d'eau 125 gr. de sucre et un citron dont on a enlevé l'écorce, la pellicule blanche et les pepins ; on passera ensuite cette eau, que l'on boira de demi-heure en demi-heure, en la coupant par moitié avec de l'eau gazeuse.

1137. — Pour une indigestion remontée, pour la bile ou le manque d'appétit, boire pendant une quinzaine de jours, le matin à jeun, un verre d'eau dans lequel on aura fait infuser de l'écorce d'orange fraîche.

1138. — Boire de même de l'eau dans laquelle on aura fait infuser quatre têtes de camomille et trois feuilles de sauge.

1139. — Boire pour 20 centimes d'eau-de-vie et 20 centimes d'huile d'olive, bien battus ensemble.

1140. — Boire le matin, pendant plusieurs jours, un verre de lait dans lequel on a laissé tremper une huître.

1141. — Pour une indigestion ou un mal d'estomac, prendre à jeun trois grains de poivre entiers; ne rien manger que trois ou quatre heures après.

1142. — Pour débarrasser l'estomac des humeurs, prendre de la poudre de séné, de la salsepareille et du jalap en quantités égales, et bien mêler avec du miel blanc; on en prendra la grosseur d'une noix toutes les cinq ou six heures.

1143. — Pour faire faire la digestion, prendre 10 gr. de sous-nitrate de bismuth, un dixième de gramme d'opium brut et en faire dix prises dont on prendra une ou deux par jour, dans la première cuillerée d'un potage.

1144. — Boire des infusions de tussilage ou pas-d'âne.

1145. — Maintenir sur l'estomac un linge bien chaud et y passer un fer à repasser pour le réchauffer.

1146. — Faire une infusion avec la menthe sauvage et la faire bouillir ensuite avec du thé vert. Boire par demi-verres.

1147. — Faire des infusions de queue de rat. Bon également pour les animaux. Faire infuser deux feuilles de bourrache et boire.

Irritation ou Toux.

1148. — Prendre de l'écorce du cacao, la faire bouillir, la passer, s'en servir comme de café, ou la couper avec du lait; en boire longtemps.

1149. — Pour une extinction de voix, prendre un demi-mou de veau bien frais; le faire bouillir dans quatre litres d'eau, dans un pot neuf, à petit feu; réduire à un litre; ajouter 125 gr. de lichen d'Islande ou de pulmonaire de chêne; après l'avoir fait bouillir, passer; ensuite ajouter 500 gr. de sucre, 62 gr. de gomme arabique, 30 gr. d'eau de fleurs d'oranger; boire ce litre en vingt-quatre heures, tiède.

1150. — Prendre deux poignées d'orge en paille, deux pommes reinettes vertes; faire bouillir dans un litre et demi d'eau; en boire pendant trois mois.

1151. — Faire des infusions avec la tanaisie.

1152. — Boire de la tisane de racine jaune et de mou de veau.

1153. — Mettre de la mie de pain dans de l'urine de la personne malade; faire bouillir; en préparer un cataplasme bien chaud dans un linge à plusieurs doubles, que l'on arrose d'huile d'olive et qu'on applique sur l'estomac. Faire ce remède trois fois.

1154. — Faire bouillir dans un litre et quart d'eau jusqu'à réduction de moitié, trois pommes reinettes dont on a sorti les pepins, 15 gr. de gomme arabique, 15 gr. de pâte de lichen, un quart de tête de pavot, une pincée de coquilles de cacao, le tout sucré avec du sucre candi ; passer le tout et le boire en trois fois. Faire cela pendant huit jours.

1155. — Mélanger ensemble 250 gr. de miel et 5 centimes de fleur de soufre, et en prendre une cuillerée à café pendant huit jours.

1156. — Prendre tous les matins, à jeun, pendant quatre jours, une infusion de poudre de rhubarbe, de poudre d'aloès et de quinquina. Pendant la journée, boire un litre de tisane d'hysope, de figues, de pruneaux, de dattes et de jujube. Ne prendre jusqu'à midi que du bouillon d'herbes, sans sel, dans lequel on a mis cuire un pied de veau. Manger de la soupe de raves.

1157. — Faire cuire deux pieds de bœuf dans un peu d'eau et à petit feu, écumer et enlever la graisse ; prendre de cette graisse une cuillerée matin et soir, ou une seule dans la journée.

1158. — Pour une irritation de poitrine, ou lorsqu'il sort des boutons, mettre dans un litre d'eau 60 gr. de sucre candi, pour 10 centimes de cannelle ; faire bouillir et réduire à un quart de litre. En boire trois cuillerées le soir en se couchant.

1159. — Faire bouillir dans de l'eau de la mousse blanche; mélanger avec un quart de litre de lait bouilli et boire à jeun.

1160. — Faire bouillir 125 gr. de sucre dans un quart de litre d'eau-de-vie ; laisser réduire à moitié et boire.

1161. — Si l'on est irrité par trop de travail, faire un consommé avec 125 gr. de mouton, en enlever la graisse et boire le bouillon le matin. Continuer jusqu'à guérison.

1162. — Prendre un foie de veau, une livre d'angélique confite, deux livres de sucre candi; découper, mettre dans un pot neuf, remplir le pot d'eau, faire une pâte avec du pain pour couvrir le pot, et mettre une seconde couche de cette pâte sur la première; faire bouillir douze heures au bain-marie; ne pas découvrir le pot de douze heures, puis tirer au clair; remplir de nouveau sur le marc, faire comme la première fois et boire cette solution la première ; de l'autre, on en boira trois fois par jour.

1163. — Prendre douze limaces jaunes dans un demi-litre de lait, faire bouillir, passer et ajouter 50 gr. de sucre candi et une cuillerée de fleurs d'oranger ; en boire tous les matins. Dans le jour, tisane de mousse perlée avec roses de Provins, cataplasme de thym sauvage, romarin et fleurs de sureau cuits dans un peu de vin; boire en se couchant une infusion de valériane avec des racines de guimauve.

1164. — Faire bouillir dans un pot neuf contenant dix litres d'eau : une livre de mou de veau, trois quarts de pourpre de veau, un poulet de l'année courante, vingt grenouilles, quinze escargots ou limaces jaunes, pendant huit heures; ensuite passer dans un linge et repasser le lendemain ; remettre dans le même pot et ajouter autant de sucre qu'il y a de bouillon, avec vingt centimes de gomme arabique. Faire cuire encore huit heures ; mettre ensuite dans un pot bien propre et sec. On en prendra deux cuillerées ou trois dans la nuit, un peu dans le jour et trois cuillerées à jeun.

1165. — Faire bouillir une botte de cresson dans un demi-litre d'eau, presser le cresson dans les mains et mettre une demi-livre de sucre candi dans le liquide, que l'on fera bouillir et réduire à moitié. En boire en se couchant et le matin à jeun.

1166. — Mâcher une cuillerée de graines de lin le soir en se couchant.

Ivrognerie.

1167. — Recevoir dans un vase l'eau qui coule des ceps nouvellement taillés, y mélanger du vin et en donner à boire à un homme ivre : il cessera d'aimer le vin.

1168. — Contre l'ivrognerie. Faire boire deux verres du lait d'une truie.

1169. — Ou bien faire mourir une petite grenouille verte dans un verre de vin blanc, qu'on fera boire.

1170. — Ou boire du vin blanc dans lequel on a fait infuser de la fleur de seigle.

1171. — Pour ne pas s'enivrer, manger six ou sept amandes à jeun ou manger des choux avant de boire.

1172. — Pour faire passer l'ivresse, faire boire une tasse de café avec du sel, ou un verre de vinaigre, ou prendre du suc de choux ou du miel blanc.

CHAPITRE X

Jaunisse.

1173. — Prendre une racine jaune, la couper et la creuser; uriner dedans : quand l'urine s'en va, la jaunisse disparaît.

1174. — Faire bouillir du buis, de la deuxième écorce de saule, ajouter du bois de réglisse pilé, faire bouillir de nouveau et boire cette tisane.

1175. — Boire quatre jaunes d'œuf dans un litre d'eau où l'on verse vingt centimes d'éther.

1176. — Faire infuser une poignée de chélidoine dans un litre de vin blanc ou d'eau-de-vie; en boire un peu à jeun.

1177. — Faire bouillir dans un grand pot les feuilles de deux paquets de petites raves, avec de l'eau; passer et boire en cinq fois.

1178. — Prendre sept ou huit crottes de poule noire, du matin, les délayer dans du lait, en faire une crêpe (matefin) avec du beurre frais et la manger. Ne rien manger pendant vingt-quatre heures; boire de la tisane de racine jaune.

1179. — Boire deux bols d'infusion de chélidoine à un jour d'intervalle.

1180. — Écraser de la chélidoine et l'appliquer sur la plante des pieds.

1181. — Prendre une araignée d'écurie, l'appliquer sur

le creux de l'estomac, la couvrir d'une coquille de noix et l'y laisser une heure. Elle meurt au bout d'une demi-heure.

1182. — Prendre des crottes de poule noire, les faire sécher à l'ombre et boire tous les jours, pendant neuf jours, un verre de vin dans lequel on en aura mis une prise. Boire de la tisane de racine jaune et de racine de fraisier.

1183. — Faire brûler dix pois nains de la même façon que le café, les moudre, et, comme le café, les prendre en boisson.

CHAPITRE XI

Lait au sein.

1184. — Faire infuser quinze morceaux de fil de pervenche dans de l'eau et boire

1185. — Pour faire passer le lait, faire cuire du blanc de poireau ou du liége (deux bouchons) dans de l'eau ; en boire trois litres.

1186. — Faire des infusions avec du caille-lait, de l'orge, des racines de fraisier et de canne ; en boire, et mettre entre les seins du camphre dans un sachet.

1187. — Mettre sur le sein un bonnet de coton porté par un homme pendant longtemps, et non lavé.

1188. — Mettre quatre dés de poudre entre les deux seins ; les y laisser jusqu'à guérison.

1189. — Mettre de la bouse de vache entre deux linges et appliquer sur le sein.

1190. — Pour guérir un ulcère au sein, faire sur le mal des applications de pourpier écrasé. Ce remède est également bon pour les hémorrhoïdes.

1191. — Pour un dépôt, faire des applications d'un mélange de séneçon, de graisse blanche, de beurre frais et de crème fraîche.

Léthargie.

1192. — Il faut faire brûler des cheveux du malade, mélanger les cendres avec du vinaigre et lui en frotter le front.

1193. — Pour faire cesser l'état de léthargie, mettre le malade dans un drap neuf que quatre personnes tiennent aux coins et bien le secouer et agiter.

1194. — Ou bien passer sur les jambes et sur le front de l'ortie piquante.

Loupe.

1195. — Ramasser un os dans les champs, frotter la loupe en en faisant le tour avec le côté de l'os qui touchait la terre.

1196. — Faire griller du sel gris dans un poêlon ou pot de Bourgogne verni; appliquer entre deux linges ce sel enveloppé dans une feuille de plomb; le changer toutes les douze heures; le faire jusqu'à guérison.

1197. — Faire tremper des feuilles de plantain long dans de l'eau-de-vie, les appliquer exactement sur la loupe. Le faire matin et soir jusqu'à guérison.

1198. — Faire fondre du plomb de la grandeur de la loupe, l'étendre, y faire des trous pour l'attacher et le laisser sur le mal pendant vingt-quatre heures; ensuite le presser pour faire sortir le pus.

1199. — Pour faire disparaître une loupe, faire fondre dans une casserole neuve, bien graissée de beurre frais, 100 gr. de poix de Bourgogne, 100 gr. de poix résine et 25 gr. de cire vierge. Quand le mélange est bien fait, mettre le pot dans de l'eau froide. Prendre cette pommade lorsqu'elle a de la consistance, et l'étendre sur un marbre pour en faire des galettes que l'on applique sur le mal.

1200. — Pour une loupe à la tête, appliquer un oignon blanc que l'on aura fait cuire dans de la braise, après l'avoir écrasé et arrosé d'huile.

1201. — Graisser avec de la pommade camphrée. Appliquer trois fois des compresses de sel fin, que l'on a fait chauffer sans eau.

1202. — Si la luette fait mal, se faire arracher trois cheveux au sommet de la tête.

CHAPITRE XII

Maladies secrètes.

1203. — Boire pendant deux mois des infusions de bardane (30 gr. dans un litre d'eau), ou des infusions de bois de gaïac.

1204. — Pour un échauffement, et pour arrêter la maladie, boire pendant huit jours des infusions de fleurs de mauve (5 centimes pour un litre d'eau).

1205. — Boire de l'eau de goudron de Norwége et en faire des injections.

1206. — Boire froid et à jeun des infusions faites avec de la graine de foin ou poussière de foin (une livre pour un litre d'eau).

1207. — Boire pendant quinze jours des infusions du saule qui pousse le long des rivières.

1208. — Boire un litre par jour d'infusion froide, composée ainsi qu'il suit : un paquet de douce amère, un paquet de marrube blanc, une pincée de racine de fraisier, une poupée de graine de lin, cuits dans un litre et demi d'eau, que l'on laisse réduire à un litre. — Se priver d'eau-de-vie et de bière. — Lorsque l'écoulement a cessé, prendre à jeun 20 gr. d'huile de copahu dans un tiers de verre de lait, bien mêlés ; ne manger que deux heures après.

1209. — Mettre moitié eau et moitié orgeat dans un verre couvert d'un papier troué de trous d'épingle, que l'on laisse exposé au serein ; boire à jeun après avoir ajouté une demi-cuillerée à café d'essence de térébenthine.

1210. — Pour faire dissoudre les grosseurs, faire deux applications, à quelques jours de distance, de lait bourru, bouilli avec du pain.

1211. — Boire un demi-litre d'eau-de-vie blanche dans lequel on a mis six cartouches de poudre. — Par petits verres.

1212. — Boire du jus de capillaire, ou du vin blanc vieux, dans lequel on a fait infuser, pendant vingt-quatre heures, un oignon blanc.

1213. — Boire un litre d'eau dans lequel on a mis un peu de térébenthine.

1214. — Pour un échauffement, boire, jusqu'à guérison, de l'eau dans laquelle on met de la limaille de fer.

1215. — Faire, dès le début, des injections moitié eau, moitié vin sucré ; ensuite vin sucré seul ; boire de la tisane d'orge perlé, de chiendent et de pruneaux.

1216. — Quand les parties sont enflées, appliquer des emplâtres d'usure de pierre à aiguiser et renouveler quand l'emplâtre est chaud.

1217. — Faire trois ou quatre injections avec vingt centimes de pierre divine ou de sel de Vénus dans un demi-litre d'eau.

1218. — Faire des injections blanches.

1219. — Faire infuser de la pierre de chaux dans de l'eau et boire cette eau lorsqu'elle est bien reposée et tirée au clair.

1220 — Faire griller une grosse poignée de séneçon dans de la graisse blanche et appliquer sur le mal ; le faire jusqu'à guérison.

1221. — Faire bouillir une poignée de bois de bouleau dans deux litres ; réduire à un demi-litre et le boire.

1222. — Pour la gonorrhée, faire bouillir de l'ambre : en boire un verre tous les matins.

1223. — Mettre du camphre en poudre dans une vessie de porc ; en envelopper les parties pendant vingt-quatre heures et prendre deux ou trois bains.

1224. — Faire dissoudre 125 gr. d'alun de roche dans un demi-litre d'eau ; se laver avec ou faire des injections dès le principe. Très-bon.

1225. — Faire des infusions avec du chiendent, de la graine de lin, du bourgeon de bouleau ; en boire un quart de litre, matin, midi et soir ; se reposer deux jours sur neuf, ne pas boire de vin ; faire une seule infusion avec 15 centimes de fumeterre dans trois quarts de litre d'eau et boire de cette infusion matin, midi et soir.

1226. — Boire de l'eau salée. Injections avec 1 gr. de tannin, 1 gr. de sulfate de zinc, dans 250 gr. d'eau distillée.

1227. — Faire des infusions avec de la racine de grenadier et les prendre en injections.

1228. — Prendre un balai de bouleau, le diviser en trois parties, le découper en morceaux de quatre centimètres ; le faire bouillir dans trois litres d'eau, réduire à deux ; boire un demi-litre matin et soir pendant douze jours. S'abstenir de café et d'eau-de-vie. Prendre pour 20 centimes de sulfate d'alumine de fer, le mettre dans l'eau, qui doit devenir bien blanche ; faire quatre injections par jour.

1229. — Faire bouillir la pelure de deux paquets de navets ou raves dans deux litres d'eau ; en boire pendant quinze jours, jusqu'à ce que l'urine soit claire.

1230. — Faire macérer dans l'eau froide les feuilles d'un paquet de radis roses ; en boire pendant cinq jours à sa soif.

1231. — Mettre pour 50 centimes de sulfate de zinc dans deux verres de vin rouge et faire des injections.

1232. — Faire brûler 15 centimes d'eau-de-vie, y mettre pour 10 centimes d'absinthe et boire.

1233. — Se laver avec de l'extrait de Saturne coupé avec de l'eau et mettre des boutons jaunes de camomille sur la plaie avec de la charpie.

1234. — Faire dissoudre 20 gr. d'iodure de potassium dans dix litres d'eau, avec 60 gr. de salsepareille, 60 gr. de douce-amère, 20 centimes de copeaux purgatifs ; faire bouillir et boire par cuillerées. Faire des injections avec des feuilles de noyer bouillies avec 100 gr. d'alun de roche dans un litre d'eau.

1235. — Prendre de la graine de lin et de la racine de guimauve, 5 centimes de chaque dans deux litres d'eau ; faire bouillir, réduire à moitié et boire.

1236. — Pour un chancre, prendre des bains composés d'eau de guimauve avec 5 gr. de sulfate de zinc ; prendre un bain de quinze minutes trois fois par jour ; mettre sur le mal de la charpie trempée dans cette eau ; renouveler toutes les heures.

Maladie de poitrine.

1237. — Prendre un foie de veau bien chaud, sortant de la bête, 500 gr. d'angélique confite et 1 kilog. de sucre candi. On coupe le foie par tranches et l'on met le tout dans un pot contenant deux litres d'eau, une couche de l'un, une couche de l'autre, ainsi de suite. On couvre le pot avec un linge blanc lessivé, sur lequel on met une couche de pâte ; puis un autre linge que l'on attache pour maintenir la pâte. Ou faire cuire le tout au bain-marie sans cesser de bouillir pendant douze heures. Laisser refroidir pendant le même laps de temps la marmite dans laquelle se trouve le pot, tirer au clair et boire de ce mélange une cuillerée le matin, à midi et le soir. Remettre ensuite de l'eau dans le pot, faire bouillir et boire en tisane tant qu'on pourra la faire bonne.

1238. — Faire cuire 250 gr. d'huile d'olive au bain-marie avec du sucre, et boire. Renouveler plusieurs fois.

1239. — Faire boire du lait bouilli dans lequel on a délayé du goudron.

1240. Boire du lait dans lequel on a fait bouillir des pieds de veau.

1241. — Boire tous les matins un demi-litre de lait qu'on fera bouillir après y avoir mis dix limaces rouges. Quand le lait a bouilli ajouter 10 gr. de sucre candi et une cuillerée d'eau de fleurs d'oranger.

1242. — Un bon remède contre un catarrhe de poitrine, c'est de boire de bon matin, à jeun, pendant quinze jours, le jaune d'un œuf du jour, bien battu avec une cuillerée à café de fleurs de soufre. Cinq jours après on battra bien ensemble 25 gr. de fleur de soufre avec 125 gr. de miel rosat, et l'on en prendra une cuillerée matin et soir, étant couché. Boire du sirop d'escargots pendant tout le temps du traitement.

1243. — Faire cuire dans trois litres d'eau que l'on laissera réduire à un litre, 20 centimes de réglisse noir, quatre pommes de reinette partagées en quatre, 20 centimes d'hysope, 1 kilog. de sucre candi. En boire une cuillerée matin et soir. Bon pour les poitrinaires.

1244. — Mettre un quart de litre d'eau-de-vie dans un plat, avec du pain de seigle; faire bouillir et appliquer en cataplasmes sur le creux de l'estomac; l'y laisser toute la nuit. Renouveler trois fois ce remède.

1245. — Faire bouillir à petit feu, pendant huit à neuf heures, dans deux litres d'eau, un chou rouge, un vieux coq, 1 kilog. de mou de veau; en boire une cuillerée chaque matin à jeun, avec un verre de vin de Bordeaux.

1246. — Pour un épuisement, boire pendant quinze jours des infusions de pariétaire; si l'urine change de couleur, il faut continuer pendant un mois, sinon ce que l'on a fait est inutile.

1247. — Écraser des feuilles de lierre terrestre et en exprimer le jus, que l'on boira tous les jours : le premier jour, l'épaisseur d'un sou double, le lendemain le double, et ainsi de suite, jusqu'à ce qu'on arrive au plein verre.

1248. — Faire de la tisane de mousse de mer, du bouillon de mou de veau avec des carottes et des poireaux; on en boira et en même temps on prendra trois cuillerées par jour de sirop antiphlogistique.

1249. — Faire boire un petit verre d'absinthe avec cinq gouttes d'essence de racine de plantain, à jeun; boire du jus de cresson pendant quinze jours.

1250. — Faire le remède suivant, au deuxième degré de la maladie : faire sécher, au four ou au soleil, le foie d'un renard; quand il est bien sec, le râper et en mettre une pincée matin et soir dans la soupe. Au troisième degré cela ne fait aucun bien.

1251. — Faire manger de la soupe faite avec de la farine de lentilles et de la farine de fèves, une cuillerée de l'une et de l'autre.

1252. — Faire du sirop de melon (poids égal de sucre et de jus de melon), le faire bouillir et en boire une cuillerée matin et soir.

Matrice (Dérangement, Inflammation).

1253. — Faire cuire des noyaux de pêche et des amandes concassés et boire le liquide.

1254. — Prendre du camphre en poudre avec de la graisse blanche incorporée dans 10 centimes d'eau-de-vie; se frictionner le ventre.

1255. — Prendre des oignons, les laver, hacher et fricasser avec de la graisse blanche, puis appliquer au bas-ventre; on peut réchauffer le même cataplasme.
Ensuite prendre quatre raiforts, les laver, racler et sécher au four, sans les faire brûler; puis les faire tremper dans du vin blanc pendant quarante-huit heures et en boire par petites quantités.

1256. — Prendre une noix muscade mâle réduite en poudre, 30 gr. d'encens mâle également en poudre; avoir une casserole neuve vernie, la placer sur un réchaud bien allumé, y mettre un demi-verre d'eau-de-vie; faire des étoupes de chanvre de dix centimètres, bien les arranger en couches renfermant alternativement une pincée de muscade, une pincée d'encens; les faire cuire jusqu'à ce qu'il ne reste que peu de liquide et les mettre en cataplasme sur le nombril, par-dessus de la toile gommée, pour empêcher le liquide de se répandre; si la personne est bien souffrante, rester deux jours couchée. Cet emplâtre peut rester cinq jours; le renouveler jusqu'à guérison. S'il y avait enflure, faire bouillir des carottes jaunes et des blancs de poireaux avec leur racine; en boire.

1257. — Pulvériser un marron d'Inde, le mélanger avec égale partie de camphre en poudre ; en faire des cataplasmes sur le bas-ventre.

1258. — Faire des injections d'une décoction de graines de jusquiame.

1259. — Boire neuf infusions faites avec du buis.

1260. — Prendre de la ouate, y faire un creux ; délayer de l'encens mâle avec du cognac et l'appliquer sur le nombril ; le laisser dix jours, temps nécessaire pour qu'il tombe.

1261. — Râper de la racine de grande consoude, l'étendre sur un papier bleu et se l'appliquer sur les reins. Faire boire, matin et soir, un verre de tisane de matricaire.

1262. — Pour une descente de matrice, prendre le soir, pendant neuf jours, une infusion de graine de lin, dans laquelle on a mis quatre cuillerées d'huile d'olive. Rester autant que possible couchée sur les reins. Si la matrice sort, prendre un petit linge de toile fine, l'imbiber d'huile de choux et graisser pour la faire rentrer. La personne doit être couchée pour cette opération. Outre l'infusion de graine de lin, on boira à jeun un verre de vin blanc dans lequel on aura fait infuser de la seconde écorce de bois d'orme (une poignée dans un litre) et une poignée de racine de dent de lion.

1263. — Faire brûler dans un poêle un vieux soulier, le réduire en cendres, mettre ces cendres dans un pot neuf avec trois litres d'eau ; faire bouillir et réduire au moins des deux tiers, tirer au clair et boire le matin par petits verres.

1264. — Faire avec trois blancs d'œufs frais et un paquet de mélisse sèche mâle pulvérisée, le tout bien battu ensemble, une omelette cuite d'un côté seulement dans de l'huile de noix vierge, la glisser sur un linge et appliquer le côté non cuit sur le nombril. La malade devra rester couchée sur les reins toute la nuit. — Faire ce remède, trois, six ou neuf fois, selon le besoin.

1265. — Faire bouillir dans du lait des coquilles d'escargots, une pincée de noix muscade et autant de clous de girofle, et s'en servir par le bas en fumigations. On fera trois de ces fumigations en six jours.

1266. — Boire matin et soir, pendant neuf jours, une infusion faite avec une petite pincée d'herbe de la rue.

1267. — Prendre, pendant un mois, un lavement par jour de mauve dans lequel on aura mis un tiers de verre d'eau blanche.

1268. — Prendre ensemble 10 centimes d'eau-de-vie et 15 centimes d'encens mâle, mettre le mélange dans un nid fait avec de l'étoupe et du fil bis, faire coucher la malade sur le dos, appliquer le nid sur le nombril et l'y laisser jusqu'à ce qu'il tombe. Faire boire des infusions de Moldavie dans lesquelles on aura râpé des noix muscades.

1269. — Prendre six gouttes d'éther dans une petite tasse de bouillon gras, et en boire six jours de suite.

1270. — Passer des feuilles de Moldavie sur une pelle rouge, les mêler avec du beurre, s'en imbiber les mains, frotter avec les mains les parties du ventre autour du nombril ; puis, en dernier lieu, appliquer les feuilles sur le nombril. Ces frictions doivent être faites, plusieurs fois, par un homme.

1271. — Boire, jusqu'à guérison, des infusions de matricaire, dans lesquelles on met de la noix muscade et trois glaires d'œuf frais.

1272. — Boire des infusions de toute-bonne mélangées avec du lait.

1273. — Faire rougir un fer bien rouillé et le tremper dans un verre de vin que l'on boira bien chaud ; en boire un quatre jours de suite.

1274. — Bien piler pour 50 centimes d'encens mâle, trois noix muscades et 250 gr. de sucre ; verser sur le tout de l'eau-de-vie de genièvre ; faire bouillir et mettre sur du coton que l'on applique sur le nombril de la malade couchée.

1275. — Faire bouillir un litre d'eau dans lequel on mettra douze coquilles d'œufs, que l'on aura fait brûler sur une pelle rouge ; ensuite, faire rougir un clou bien rouillé et le mettre dans cette eau ; passer et en boire un litre par jour, pendant quinze jours.

1276. — Ouvrir une jeune poule qui n'ait pas encore fait d'œuf, l'appliquer sur le creux de l'estomac et l'y laisser huit heures.

1277 — Faire une infusion, dans la valeur d'un verre d'eau, avec une pincée de feuilles de la benoite des villes ; en boire jusqu'à guérison. Bon également pour la fièvre.

1278. — Boire des infusions de l'herbe benoite pendant huit jours. Après avoir pris une infusion, manger une boulette que l'on préparera avec un peu de térébenthine et de la farine. On appliquera sur le nombril un emplâtre de poix de cordonnier, que l'on fera chauffer ; laisser l'emplâtre jusqu'à ce qu'il tombe.
La racine de la benoite guérit le rhume.

1279. — Faire infuser, dans un litre d'eau que l'on laisse réduire de moitié, de la fleur de noyer, du tilleul et trois feuilles de fleur d'oranger. En boire un tiers chaque matin.

1280. — Boire souvent des infusions faites avec de la reine des prés, du lierre terrestre et du plantain mâle.

1281. — Boire des infusions d'origan commun.

1282. — Faire bouillir, dans un pot neuf, du bouillon de bœuf ; y mettre 25 centimes de fleurs de noix muscade et boire ce bouillon ; appliquer le pot sur le nombril, l'y laisser toute la nuit, pendant cinq nuits.

1283. — Mettre sur du coton : 10 centimes d'aloès en poudre, 10 centimes d'encens mâle, 15 centimes de myrrhe et arroser, goutte à goutte, d'eau-de-vie. Appliquer cet emplâtre sur le creux de l'estomac et le laisser jusqu'à ce qu'il tombe.

1284. — Concasser et mettre dans un pot neuf : une noix muscade, sept crottins d'ânesse et deux poignées d'herbe de la rue ; ajouter une bouteille de vin vieux et une cuillerée de graisse blanche et faire bouillir pendant cinq heures. Faire deux cataplasmes avec cette préparation : en placer un sur le creux de l'estomac et l'autre derrière, à la partie opposée. La malade restera alors couchée pendant deux heures, en bougeant le moins possible.

1285. — Boire trois ou quatre fois des infusions de marjolaine.

1286. — Faire des fumigations de sauge et en boire des infusions.

1287. — Prendre d'abord un pot neuf verni, que l'on frotte bien avec de l'ail et que l'on enduit d'huile de noix vierge. On prendra ensuite une croûte de pain de seigle de huit centimètres environ de d amètre, que l'on frottera également d'ail et que l'on enduira d'huile de noix vierge. On fera à la croûte quatre trous dans lesquels on passera deux mèches imbibées de l'huile ci-dessus désignée, ce qui fera quatre mèches. On appliquera alors la croûte sur le nombril, on mettra le feu aux mèches et on couvrira le tout du pot, jusqu'à ce qu'il tombe ; ce remède produit l'effet d'une ventouse. On tient ensuite le ventre bandé pendant un mois et demi. — Lever les bras le moins possible.

1288. — Contre l'inflammation, faire des infusions de feuilles de millepertuis.

1289. — Râper de la racine fraîche de la grande consoude, la battre avec un blanc d'œuf frais et appliquer en cataplasme sur le mal. Faire trois de ces applications. Cette racine, écrasée, ferme une coupure en très-peu de temps.

1290. — Boire à sa soif de la tisane de racine jaune.

1291. — Laver le linge d'une jeune personne et faire des infusions avec l'eau qui aura servi, ou en boire mêlée avec du vin.

1292. — Boire des infusions de fenouil.

1293. — Racine de chelidoine cuite avec de l'huile de camomille, appliquée sur le nombril. — Excellent.

1294. — Prendre de l'encens mâle, de l'aloës et du myrte, en tout pour 20 centimes ; bien arroser avec du rhum ; en mettre sur du coton et l'appliquer sur le nombril ; laisser jusqu'à ce que cela tombe tout seul.

1295. — 5 centimes de coriandre, une noix muscade, 5 centimes de feuilles d'oranger, 5 centimes de lierre terrestre, 1 livre de sucre; mettre le tout dans 1 litre et demi d'eau, réduire à un litre ; en boire un verre de six heures en six heures.

1296. — 20 centimes d'anis étoilé, 10 centimes de cannelle, une noix muscade; faire bouillir dans un demi-litre d'eau pendant une demi-heure ; arroser, puis ajouter une poignée de moldavie; passer et boire étant couché. Tenir la tête plus bas que le ventre.

1297. — Prendre 10 centimes de poix de Bourgogne; 10 centimes d'encens mâle en poudre, 15 centimes de térébenthine, deux blancs d'œufs ; bien les battre avec la poix fondue dans un plat; en mettre sur un lit de coton et l'appliquer sur le nombril avec un linge par-dessus.

1298. — Pour une descente, faire bouillir de la graine de bardane ; en boire jusqu'à guérison.

1299. — Faire bouillir un poulet mâle et jeune, une laitue et une chicorée blanche dans un litre d'eau ; réduire à moitié; passer après avoir mis une pincée de tilleul ; ajouter quarante gouttes d'éther ou d'eau de fleurs d'oranger, un quart de sucre candi et en boire par cuillerée une heure avant le repas. Prendre pendant deux ou trois jours des infusions d'anis étoilé. Très-bon.

1300. — Prendre des branches de cerisier aigre, de la poussée de l'année courante, y compris les feuilles, avec autant de cresson; faire bouillir ensemble, verser le tout dans un bain que l'on prendra. Mettre une couverture sur la baignoire, la tête seule du malade doit passer. Prendre tous les deux jours un bain de cette nature.

Mélancolie.

1301. — Boire jusqu'à guérison des infusions de centaurée, de manne de pinchau et de bouillon blanc.

1302. — Pour connaître si une personne malade est en danger, mettre dans son urine une plante d'ortie piquante fraîche et l'y laisser pendant vingt-quatre heures. Si la plante est devenue noire, c'est mauvais signe.

1303. — Un grand nombre de maladies se guérissent avec des compresses de teinture d'aloès.

1304. — Pour empêcher un malade obligé de garder longtemps le lit de se blesser, mettre sous le lit, vers le milieu, une large terrine remplie d'eau fraîche, que l'on renouvelle tous les matins.

1305. — Pour faire sortir le mercure du corps, avaler une petite boule d'or. Quand on l'a rendue, la nettoyer et l'avaler de nouveau, ainsi de suite jusqu'à ce qu'elle ne soit plus blanche. — Quand on veut savoir si une pommade contient du mercure, il faut en passer sur une pièce d'or ; si elle blanchit, c'est que la pommade renferme du mercure.

1306. — Pour faire une longue marche sans se fatiguer, tenir entre les dents un morceau de taffetas et se tenir les reins serrés.

1307. — Pour bien conserver sa santé, boire une demi-heure après son dîner, tous les jours, une infusion de camomille. (Recette de M. de Talleyrand.)

Meurtrissure.

1308. — Faire cuire une courge ou citrouille, égoutter l'eau et appliquer contre les coups à la tête ; pulvériser un marron d'Inde, le réduire en farine, ajouter poids égal de farine de nielle (graine noire dans le blé), bien mélanger ; en prendre une prise tous les soirs.

1309. — Écraser un blanc de poireau et l'appliquer.

1310. — Écraser des orties, injecter le jus et appliquer les orties écrasées.

1311. — Étendre de l'étoupe, y mettre un blanc d'œuf et une bonne pincée de pulmonaire de chêne ; l'appliquer.

Migraine et Névralgie.

1312. — Verser de l'eau de vulnéraire dans le creux de la main, s'en frotter la figure pendant dix minutes et bien en respirer l'odeur.

1313. — Faire cuire dans dix litres d'eau une petite mesure d'avoine, une poignée de chicorée amère fraîche; passer, remettre sur le feu et ajouter pour 20 centimes de miel et 20 centimes de cristal minéral. On mettra ensuite cette infusion à la cave, dans un pot, et on en boira deux verres par jour. — Faire ce remède au printemps, au mois d'août et à l'entrée de l'hiver. On peut s'en servir également pour la fièvre.

1314. — Pour dissiper une névralgie, faire cuire au four, dans un petit pot neuf que l'on remplit d'eau, pour 10 centimes de savon blanc, du chanvre en étoupe et de l'huile d'olive. Tirer alors l'étoupe, que l'on fait brûler sur une assiette, et l'appliquer sur la partie malade.

1315. — Contre les névralgies et les fièvres, faire bouillir, pendant dix minutes environ, de la seconde écorce de frêne, de celle de la racine ou du pied de l'arbre, si c'est possible, et de la valériane; passer, sucrer, et en boire trois fois par jour, pendant huit jours. — Contre toutes les fièvres, boire des infusions de verveine des champs, faites dans de l'eau qui a servi à faire bouillir de la seconde écorce de frêne.

1316. — Pour la migraine, fendre un jeune pigeon blanc, l'appliquer sur le crâne et l'y laisser pendant six heures.

1317. — Pour une fièvre à la tête, faire bouillir des fleurs de sureau avec une tête de pavot, se coucher et recevoir à la tête la vapeur de cette infusion.

1318. — Ou se frictionner avec de l'huile d'amandes douces et se mettre dans les oreilles du coton imbibé d'eau de Cologne.

1319. — Pour se préserver de la fièvre, s'appliquer sur la tête du limon d'évier.

1320. — Faire infuser pendant quarante jours, dans un litre d'eau-de-vie, une bonne poignée de graine de genièvre; en boire un petit verre pour dissiper la migraine, quand on est fatigué, ou après dîner.

1321. — Faire bouillir pendant cinq minutes dans un litre d'eau une quinzaine de feuilles de cassis et en boire pendant huit jours, le soir lorsque l'on est couché, et le matin une heure avant de se lever.

1322. — Faire cuire un petit oignon blanc, enveloppé de papier bleu, dans les cendres ; en faire tomber le jus, en le pressant, dans une cuillerée d'huile d'olive et s'en mettre quelques gouttes dans l'oreille. Bon pour le mal de tête.

1323. — Pour le mal de tête, faire brûler les plumes d'un chapon et en recevoir la fumée.

1324. — Application sur le crâne d'un cataplasme de bouse de vache placée entre deux linges.

1325. — Se frotter les tempes avec du laudanum.

1326. — Contre une névralgie, prendre un bain de pied avec du son, se frotter la plante des pieds avec de l'ail, ensuite avec de la graisse blanche mâle ; boire des infusions de deuxième écorce de bois de frêne.

1327. — Contre une pleurésie à la tête, couper les cheveux et laisser sur la tête, toute la nuit, une application d'orties hachées menues et cuites au four.

1328. — Bien mêler du rhum et du camphre et en faire trois fois des applications sur les tempes.

1329. — Pour dissiper une inflammation à la tête, se mettre dans les oreilles du coton imbibé d'huile d'amande douce et se frotter les tempes avec de l'éther.

1330. — Ou faire des fumigations de vapeur de vinaigre que l'on verse sur une tuile rougie au feu.

1331. — Si l'on a le sang porté à la tête, faire bouillir de jeunes branches de sapin dans de l'huile d'olive et appliquer sur la plante des pieds.

1332. — Contre la migraine, fumer un cigare, pousser la fumée dans une oreille, au moyen d'un entonnoir.

1333. — Pendre au cou un gros plantain, la racine en haut et la tige en bas, sans le laisser mouiller ; secouer la terre seulement.

1334. — Si l'on éprouve un malaise précurseur d'une

maladie, faire une fumigation avec une bougie, que l'on place dans un pot, sous les jambes recouvertes d'une couverture.

1335. — Prendre une queue de poireau (le vert) et la hacher ; casser deux œufs frais, les battre ; faire du tout une omelette avec de l'huile d'olive et l'appliquer sur le mal. Cela guérit les maux de dents.

1336. — Mettre sept feuilles d'aune (verne) sur le front.

1337. — Faire tremper de la racine de pyrèthre dans l'eau et l'appliquer sur la tête.

1338. — Faire une décoction avec une poignée de feuilles de frêne dans un litre d'eau, une tête de pavot et 10 gr. de valériane ; en faire une fumigation. Répéter cinq fois.

1339. — Prendre de la benoite, la laver et l'écraser ; arroser avec de l'eau d'arquebuse ou vulnéraire ; l'appliquer sur la tête toute la nuit ; tous les soirs prendre un bain de pieds de cendres sèches et chaudes ; y rester de quinze à vingt minutes ; le faire six fois.

1340. — Écraser des orties, y mettre du sel fin, et appliquer sur le front.

1341. — Faire cuire des pommes de terre à la braise, les écraser, les étendre, y mettre une poignée de sel fin, arroser avec du vinaigre et les placer sous les pieds. Le même cataplasme peut nouveau de servir ; il faut le réchauffer et ajouter du sel et du vinaigre.

1342. — Faire chauffer des racines de poireaux, les écraser ; les mettre sous les pieds ; les y laisser toute la nuit après les avoir arrosées de vinaigre.

1343. — Faire chauffer deux cuillerées d'eau-de-vie, y tremper du coton, le saupoudrer d'encens mâle et l'appliquer sur le mal ; le faire trois fois.

1344. — 15 gr. de feuilles de jusquiame en poudre, 15 gr. de fleurs de pavot rouge en poudre, 3 gr. d'opium brut ; en faire un topique (emplâtre).

1345. — Faire une fumigation avec des fleurs de sureau, ensuite prendre un bain de pieds à la moutarde et tenir la tête haute.

1346 — Faire une fumigation avec du buis bouilli dans l'eau. Laisser macérer des feuilles de persil, les rouler en boule et les mettre dans l'oreille ; l'essence de persil calme. Bon pour les femmes.

1347. — Tremper une feuille de pas-d'âne 15 minutes dans du vinaigre, avec du sel de cuisine ; l'appliquer sur le crâne.

1348. — Mettre sur un morceau de flanelle une couche de ouate ; l'appliquer bien serrée ; le faire pendant un mois toutes les nuits.

1349. — Mettre une pincée de sucre dans l'oreille et quatre gouttes de vin par-dessus.

1350. — Prendre deux litres de vinaigre mêlé avec du vin blanc ; faire rougir un caillou pris dans l'eau, le tremper dans le vin et faire une fumigation.

1351. — Prendre la tête d'un corbeau ou d'une corneille ; la faire cuire sur des charbons ou au four ; prendre la cervelle cuite et la manger ; cela est très-bon.

1352. — Pour guérir la migraine, prendre à jeun dix gouttes d'arnica sur un morceau de sucre.

1353. — Broyer du persil, en faire un tampon ; le mettre dans les oreilles.

1354. — Appliquer une rate de mouton sur la tête, et, pour une fièvre typhoïde, sous les pieds.

1355. — Contre les vers de tête faire cuire de la graine de foin en fumigation ; les vers tombent.

1356. — Prendre des feuilles de choux rouges, en couvrir la tête du malade, le faire coucher ; le lendemain les feuilles se sont mouillées et presque pourries. Le faire trois fois et mettre entre les deux épaules du papier Fayart.

1357. — Faire une fumigation avec des feuilles de laurier et de thym sauvage.

1358. — Prendre des bains d'eau avec 1 kilog. de savon; le même peut servir dix fois.

1359. — Faire bouillir treize ou quinze pommes de pin dans cinq litres d'eau et faire deux fumigations, une le soir, et l'autre le lendemain, pendant un quart d'heure chaque fois. Répéter trois fois et mettre deux vésicatoires, au cou, derrière la tête.

CHAPITRE XIII

Nerfs retirés.

1360 — Feuilles de buis, feuilles de laurier de ménage, moelle de bœuf, cuites dans de l'huile d'olive ; bien se frictionner avec le mélange. Cela est bon pour les paralysies.

1361. — Écraser de petits aulx qui croissent en groupes dans les vignes ou dans les champs ; les appliquer. Cela renforce les nerfs.

1362. — Écraser la graine de menthe *pulegium*, mélanger avec du sel, du vinaigre et du miel, et se frotter.

Noyés.

1363. — Pour faire revenir un noyé, le mettre devant un grand feu, le frictionner depuis la poitrine, de haut en bas, et le faire chauffer des deux côtés.

CHAPITRE XIV

Obésité.

1364. — Fucus vesiculosus, 10 gr.; sulfate de soude, 10 gr.; laver le fucus, le faire bouillir et infuser; boire un demi-litre de l'infusion matin et soir.

Régime à suivre : à déjeuner, environ 140 gr. de bœuf, de mouton, de rognon de veau, de poisson grillé, de lard ou de viande froide quelconque, une tasse de thé sans sucre; à dîner, 150 gr. de poisson (pas de saumon) ou de viande, toutes espèces de légumes, 30 gr. de pain grillé, les fruits d'une tarte, deux ou trois verres de vin de Bordeaux (pas de porc frais ni de pommes de terre); à l'heure du thé, 100 gr. de fruits environ, 30 gr. de pain rôti et une tasse de thé, sans sucre ni lait; au souper, 140 gr. de viande ou de poisson, comme pour le dîner, un ou deux verres de vin de Bordeaux. Il faut s'abstenir, autant que possible, de pain et de beurre, de lait, de sucre, de bière et de pommes de terre.

1365. — Mettre dans du vin quatre des graines menues qui se trouvent dans les grains de sureau; en boire.

Oppressions.

1366. — Mettre la moitié d'un mou de veau dans deux litres d'eau et faire bouillir jusqu'à réduction de moitié, passer à travers un linge et remettre sur le feu; et, quand l'eau sera de nouveau en ébullition, ajouter 250 gr. de sucre candi et une bonne poignée de fleurs de violettes; passer et en prendre deux cuillerées le soir, étant couché sur les reins.

1367. — Boire trois jours de suite, le matin à jeun, la

préparation suivante : 10 centimes de fleur de soufre, 10 centimes de lait et 30 gr. de sucre candi bouillis ensemble.

1368. — Prendre un coing ou une reinette blanche, partagés en deux, dans lesquels on a remplacé les pepins par des morceaux d'encens mâle ; faire cuire dans les cendres et appliquer sur l'estomac.

1369. — Mettre de l'huile de schiste dans un vase et en respirer l'odeur.

1370. — Fumer chaque jour deux pipes, le matin et dans la journée, de feuilles de stramonium ou pomme épineuse.

1371. — Boire des infusions préparées ainsi qu'il suit : faire cuire deux kilog. d'orties dans quatre litres d'eau, jusqu'à réduction de moitié, passer et ajouter un kilog. de sucre ; faire réduire encore et boire par cuillerées.

1372. — Contre un rhume, une irritation ou une oppression, piler bien fin 20 gr. de sucre candi que l'on bat avec deux glaires d'œufs frais et mélanger le tout dans un demi-litre de lait ; boire le matin à jeun, et le soir en quatre jours.

1373. — Appliquer des cataplasmes de cendres de bois de genièvre, pétries avec de la graisse blanche ; le tout étendu sur de l'étoupe, les mettre sur l'estomac.

1374. — Boire en se couchant un petit verre d'eau-de-vie dans lequel on a battu un jaune d'œuf frais.

1375. — Couper la tête à un chat mâle pour un homme et à une chatte pour une femme ; ouvrir l'animal et l'appliquer sur la poitrine, où on le laisse quatre heures.

1376. — Faire bouillir du pain dans un demi-litre de vin, laisser réduire, sortir du feu et bien remuer ; appliquer ensuite en cataplasme que l'on saupoudre de poivre et qu'on laissera toute la nuit sur le creux de l'estomac. Faire trois fois ce remède.

1377. — Faire bouillir ensemble 500 gr. d'huile d'olive, 500 gr. de sucre, un litre de vin vieux et trois quarts de litre d'eau, jusqu'à réduction de moitié, et boire de temps en temps par deux cuillerées, bien chaud.

1378. — Faire cuire dans un litre d'eau, jusqu'à réduction de moitié, trois petites pommes de rosier rouge et trois figues; boire de cette infusion coupée avec de l'eau.

1379. — Ramasser la mousse qui croît sur l'écorce du chêne (pulmonaire de chêne), en prendre une pincée, la laver à l'eau bouillante, puis la faire bouillir quinze à vingt minutes dans deux verres d'eau; passer et sucrer avec du sucre candi; refaire bouillir pour fondre le sucre; en boire trois fois par jour une bonne tasse. Cela guérit en six mois.

1380. — Faire cuire de l'arnica coupée avec du lait; en boire trois fois.

1381. — Faire cuire des poireaux entiers, racines comprises, sans beurre, y mettre du sel; boire de ce bouillon matin et soir.

1382. — Faire bouillir des feuilles de violettes avec des racines jaunes, sucrer avec du sucre candi; en boire.

1383. — Faire des infusions avec la reine-des-prés; boire une quinzaine d'infusions.

CHAPITRE XV

Pâles couleurs.

1384. — Mettre dans un pot deux litres d'eau, six coquilles de noix vertes que l'on a fait griller, 65 gr. de racine de jonc; faire cuire et réduire à un litre et demi. Renouveler le remède jusqu'à guérison.

1385. — Ou 130 gr. de sucre que l'on fait dissoudre dans un peu d'eau, ajouter 17 gr. de limaille d'acier, faire cuire le mélange jusqu'à ce qu'il devienne épais; versez-le alors sur une table; coupez en tablettes de 8 gr. chacune. Prendre chaque matin une de ces tablettes, et deux heures après un bouillon; se promener avant et après le bouillon. Avoir soin de se purger avant et après le traitement.

Panaris.

1386. — Battre ensemble un dé de sel marin ou gris pilé et un jaune d'œuf frais, et envelopper le doigt de ce mélange. — Il faut renouveler les applications.

1387. — Mettre le doigt dans un œil de bœuf et l'y laisser vingt-quatre heures.

1388. — Mettre le doigt dans une poule ou dans de la fiente d'oie.

1389. — Casser un' œuf frais par un des côtés, y mettre une bonne pincée d'escarole, faire prendre un bain au doigt et ensuite appliquer le contenu de l'œuf.

1390. — Envelopper le mal avec de l'onguent composé d'un jaune d'œuf bien battu avec du sel.

1391. — Faire cuire un oignon dans de la bouse de vache, en sortir le cœur et y mettre le doigt pendant toute la nuit. Percer ensuite le panaris.

1392. — Faire prendre au doigt des bains dans de la lessive faite avec des cendres de sarments, pendant vingt-quatre heures.

1393. — Délayer de la limaille d'acier et du limon de meule dans de l'eau de mauve, et en faire des cataplasmes pendant trois jours.

1394. — Mettre dans de l'eau chaude une pincée de grains de blé; quand les grains se partagent, tenir le doigt malade dans ce bain.

1395. — Placer le doigt dans une poupée de cendres de sarment mêlée avec du vin blanc sec, et l'y laisser vingt-quatre heures. — On prendra ensuite, pendant longtemps et plusieurs fois par jour, des bains dans de la lessive de cendres de sarment; le mal sortira.

1396. — Laisser le panaris pendant vingt-quatre heures dans un cataplasme de fiente de pigeon que l'on a fait chauffer.

1397. — Faire un trou à un œuf, y mettre le doigt et l'y laisser jusqu'à ce que l'œuf soit dur. Recommencer plusieurs fois.

1398. — Faire un nid avec de l'étoupe, vider dedans un œuf, ajouter une grosse pincée de sel et y mettre le doigt.

1399. — Faire cuire un oignon de lis et l'appliquer sur le panaris avec du levain.

1400. — Appliquer un mélange composé de farine de seigle pétrie avec du miel et un jaune d'œuf.

1401. — Appliquer de la graisse blanche mâle que l'on a fait bouillir avec des blancs de poireaux, jusqu'à ce que le tout ne soit qu'une pommade.

1402. — Écraser des feuilles d'orpin, les arroser d'huile d'olives, et les appliquer crues.

1403. — Faire bouillir au bain-marie de l'huile d'olive, de la seconde écorce de sureau, de la cire blanche neuve, et s'en servir en pommade. — Bon également pour les plaies.

1404. — Piler un oignon sauvage, mêler avec un jaune d'œuf frais et du sel marin, autant qu'il en peut contenir. Lorsque la pommade est formée, en faire des applications. — Cette recette est bonne pour le bouton de charbon.

1405. — Écraser des pavots cornus et les appliquer sur le mal. — Remède également bon pour les douleurs mal guéries.

1406. — Faire un onguent avec 250 gr. d'huile d'olive, 125 gr. de cire jaune, 125 gr. de litharge, le tout mélangé et suffisamment cuit au bain-marie.

1407. — Composer un onguent de la manière suivante : Faire fondre au bain-marie 35 gr. de cire jaune; y ajouter une cuillerée à bouche d'huile d'amandes douces, 4 gr. de cumin concassé et 20 centigr. de safran; laisser bouillir sur un feu doux pendant dix minutes. Renouveler tous les jours une application de cet onguent que l'on étend sur une toile.

1408. — Écorcher une taupe vivante; frotter doucement de son sang le panaris; puis l'entourer de sa peau.

1409. — Faire bouillir de la bourse-à-pasteur et tremper le doigt dans le liquide.

1410. — Faire brûler un paquet de sarment qui n'ait pas été mouillé; ramasser les cendres; les mettre dans quatre litres d'eau; faire réduire à un litre; ajouter un quart de saindoux, un blanc de poireaux, du plantain, de la grande consoude, faire rebouillir et mettre pendant vingt-quatre heures des compresses imbibées du liquide.

1411. — Appliquer sur le panaris l'herbe appelée stachys.

1412. — Prendre une vessie de porc; la remplir d'esprit-de-vin; y tenir le doigt vingt-quatre heures.

1413. — L'huile de papier guérit les panaris.

1414. — Prendre la verge d'un porc ; la dépouiller ; appliquer la dépouille sur le doigt ; l'y laisser quarante-huit heures.

1415. — Faire un trou dans un oignon blanc, y mettre un jaune d'œuf battu avec une cuillerée de benzine, y mettre le doigt et l'y laisser douze heures ; le faire quatre fois.

1416. — Faire fondre de la cire vierge, la battre avec un jaune d'œuf et mettre le doigt dedans.

1417. — Envelopper le doigt de la peau intérieure d'un œuf frais, au début du mal.

1418. — Ramasser toutes sortes d'herbes, les écraser, exprimer le jus dans un vase ; battre pour en faire un onguent et l'appliquer.

1419. — Piler de la grande joubarbe et l'appliquer.

1420. — Prendre le fiel d'un porc mâle, le mettre dans un pot avec partie égale d'huile d'olive et de cire vierge ; faire fondre et appliquer cet onguent.

1421. — Pommade : 10 centimes de cire vierge, 10 centimes de moelle de bœuf, 10 centimes de saindoux, 10 centimes d'huile d'amandes douces ; faire fondre, passer dans un linge, ajouter 10 centimes de poix blanche, 10 centimes de térébenthine de Venise ; laisser à moitié refroidir et ajouter pour 30 centimes de térébenthine rectifiée ; ensuite fouetter la pommade et appliquer.

1422. — Contre un calus, un panaris, un mal blanc, un furoncle, faire bouillir du séneçon, de la mauve, à petit feu, dans un pot neuf ; y mettre du pain de ménage et faire cuire ensemble un quart d'heure dans un demi-litre d'eau ; bien broyer, réduire en pommade et en faire des cataplasmes. On nettoiera le mal avec de la graisse blanche.

1423. — Prendre des bains d'eau, dans laquelle a bouilli de la jusquiame.

1424. — Prendre des bains dans le jus de plantain long et appliquer le résidu.

1425. — Prendre de la panne de lièvre et de porc mâle ; faire fondre dans un vase de porcelaine 5 centimes de poix noire, autant de poix blanche, 10 centimes de cire jaune ; faire cuire le tout jusqu'à consistance d'onguent ; en mettre un peu sur un linge et renouveler.

1426. — Faire dissoudre pour 10 centimes de savon noir à l'eau chaude et se baigner le mal dans le liquide.

Paralysie.

1427. — Boire des infusions d'orties piquantes, feuilles ou fleurs, jusqu'à guérison.

1428. — Pour se préserver d'une paralysie, faire cuire des feuilles de lierre dans très-peu d'eau, appliquer ces feuilles sur la partie malade ou sur le membre engourdi, les couvrir de coton et tenir à côté deux cruches d'eau chaudes.

1429. — Introduire avec une baguette du miel dans une bouteille, que l'on enterre jusqu'au col près d'une fourmilière. Quand la bouteille est à moitié pleine de fourmis, on la déterre, on la remplit de cognac et on laisse infuser pendant quarante jours. On se sert alors de cette préparation pour frictionner la partie paralysée.

1430. — Le malade se mettra dans un tonneau couvert où l'on fera brûler dans un vase de l'eau-de-vie que l'on remuera pour entretenir la combustion. Il faut se purger avant de faire ce remède.

1431. — Boire pendant neuf jours, autant qu'on le pourra, de la tisane de fumeterre, et après de la tisane de valériane. Mettre un vésicatoire à la nuque, prendre des bains de pieds à la moutarde.

1432. — Prendre 35 gr. environ de buis, de laurier et de genièvre (35 gr. de chacun), découper le tout, et faire bouillir dans un litre et demi d'eau qu'on laisse réduire à un demi-litre. Au moment où l'on retire du feu, ajouter quelques feuilles de cerfeuil et de l'écorce de citron. Faire boire cette préparation pour exciter la transpiration.

1433. — Prendre la mie d'un pain sortant du four, l'arroser de bon cognac et en faire des applications. Répéter l'opération en se servant d'un autre morceau de mie de la même manière.

1434. — Prendre 16 gr. de chacune des substances suivantes : salsepareille, agaric, benoite, roses de Provins, suc de réglisse noir, séné, sel d'Epsom ; faire bouillir dans cinq litres d'eau, en prendre le matin, à jeun, quatre verres d'heure en heure ; ne manger que deux heures après. On fait bouillir l'eau et on laisse infuser toute la nuit, dans un pot neuf.

1435. — Faire chauffer un couvercle de pot de fer ou de marmite, l'appliquer sur toutes les jointures paralysées ; bien frictionner ensuite avec de l'alcool camphré ; le faire huit jours.

1436. — Faire cuire cinq litres d'avoine à sec ; arroser ensuite avec du bon vinaigre et appliquer sur la partie malade.

1437. — Faire des fumigations avec des feuilles de noyer, le soir, tant que le malade pourra le supporter ; le faire jusqu'à guérison.s Si, à la troisième, le malade sent la brûlure, c'est un bon igne. Après la fumigation, envelopper avec d'autres feuilles bien chaudes et sèches.

1438. — Prendre une livre de jus d'hièble ou de sureau, avec une livre de moelle de bœuf ; les mettre dans une bouteille qu'on enveloppe de trois livres de pâte de boulanger ; après l'avoir bouchée hermétiquement on la place dans un four pendant six heures. Se frictionner avec l'onguent devant un feu vif.

1439. — Faire des fumigations avec de l'esprit-de-vin.

1440. — Se frictionner avec de l'eau sédative toutes les jointures ; respirer de l'alcali ; mettre une goutte d'éther sur du sucre et le manger.

Parole (pour faire revenir la).

1441. — Faire sentir la graine de menthe pulegium.

Pertes blanches ou rouges.

1442. — Faire une omelette avec trois jaunes d'œufs et trois feuilles de toute-bonne, la manger sans pain, à jeun. — On devra faire souvent ce remède.

1443. — Prendre, de deux heures en deux heures, des pilules d'alun de roche et de la tisane de grande consoude.

1444. — Prendre des cheveux et de la barbe d'un homme, de manière à avoir une cuillerée à café de cendres, que l'on fera boire soit dans du vin, soit dans une autre boisson. — Le poil de lièvre produit le même effet.

1445. — Prendre de temps en temps la valeur de deux dés pleins de vinaigre dans lesquels on a mis une pincée de suie de bois.

1446. — Pour une perte blanche, boire des infusions faites avec l'extrémité de la fleur d'orties blanches mélangées avec du lait. — Pour fortifier, râper de la noix muscade dans de la soupe.

1447. — Pour une perte rouge, appliquer sur l'épine dorsale des cataplasmes composés de suie de bois, délayée dans du vinaigre, et mettre sur la poitrine une chemise d'homme, en toile, portée huit jours; croiser les manches sur la poitrine.

1448. — Tremper du chanvre dans du vinaigre et l'appliquer sur le bas-ventre.

1449. — Lier le bas-ventre avec un écheveau de fil non lessivé.

1450. — Ramasser les étoupes d'un porc, quand on le saigne, et les appliquer au bas du ventre.

1451. — Pour une perte blanche, boire chaque matin à jeun, pendant quinze jours, un blanc d'œuf frais battu avec de l'eau de rose.

1452. — Également, pour une perte blanche, partager une noix muscade en deux et en manger une moitié le matin et l'autre le soir. — Ou bien : boire un verre d'eau matin et soir, pendant quinze jours.

1453. — Pour une perte après accouchement, se frotter le ventre avec de l'eau mélangée, en parties égales, avec du vinaigre. — Extraire le jus du capillaire et en boire. — Ce remède est également bon contre les dartres ou coupures.

1454. — Boire de l'eau dans laquelle on aura fait bouillir de l'écorce de chêne.

1455. — Manger de la soupe faite avec des feuilles de courge.

1456. — Tremper les mains dans de l'eau chaude où l'on a mis de la moutarde.

1457. — Appliquer sur le bas-ventre de la fiente de porc mâle que l'on aura fait fricasser dans de la graisse blanche. — Ou, pour se guérir rapidement, boire une infusion faite avec de la deuxième écorce d'osier.

1458. — Lier ensemble les deux petits doigts, et les laisser ainsi jusqu'à guérison ; serrer le lien très-modérément.

1459. — Faire brûler des zestes de noix, les pulvériser, les mêler avec du vin et en faire un cataplasme que l'on applique sur le nombril.

1460. — Appliquer en cataplasme sur le nombril de la raclure de chaudron mêlée avec des coquilles d'œufs. — Prendre trois infusions de bourse-à-pasteur pendant cinq jours.

1461. — Boire du jus d'orties. — Ou remplir un sachet de gros sel, le tremper dans de l'eau de puits et l'appliquer sur le bas des reins.

1462. — Faire des injections avec du jus de plantain dans lequel on a fait fondre de la gomme de cerisier. — Boire trois injections d'huile de millefeuilles.

1463. — Si l'on fait du sang en urinant, piler des orties blanches, en exprimer le jus et en boire deux cuillerées tous les matins. — Boire beaucoup d'eau de mauve.

1464. — Manger une soupe faite avec un demi-litre de vin vieux et 125 gr. de farine fine.

1465. — Piler du chambucle (ou seigle noir) de seigle et le faire boire dans une cuillerée d'eau.

1466. — Faire brûler de l'étoupe et mettre le résidu sous la plante des pieds.

1467. — Boire des infusions de millefeuilles.

1468. — Perte rouge : faire une infusion par jour avec de la bourse-à-pasteur, pendant trois jours.

1469. — Perte blanche : prendre un demi-litre d'eau, y mettre une poignée de sel, le faire dissoudre, et prendre quinze injections par jour avec une petite seringue ; en même temps, deux injections avec du lait de chèvre ou un autre lait.

1470. — Perte rouge : couper un citron en quatre parties et en mettre une dans *la nature* ; le faire jusqu'à guérison.

1471. — Pulvériser des champignons de Chine, et prendre une prise dans un verre de tisane.

1472. — Prendre le sang de la personne, le mettre sur une pelle bien propre, le faire carboniser sur le feu, puis ramasser le résidu, le pulvériser et le mettre dans une infusion qu'elle boira.

1473. — Prendre une poignée d'écorce de jeune chêne, la faire bouillir un quart d'heure dans un litre d'eau et en boire jusqu'à guérison.

1474. — Faire bouillir six feuilles de noyer et une pincée d'écorce de chêne dans un litre d'eau, et faire des injections.

1475. — Boire des infusions de plantain.

1476. — Boire trois ou quatre infusions de roses.

1477. — Faire des infusions avec la racine de grande consoude ; les prendre en injections.

Peste (Voir Choléra).

1478. — Pour se prémunir contre la peste, il faut bien piler ensemble deux figues sèches, vingt feuilles d'herbe de la rue, deux noix sèches et un grain de sel commun. On partage le tout en quatre parties et on en prend une chaque matin, en buvant par-dessus un verre de vin blanc.

1479. — Si l'on sent des frissons, avec mal de tête et mal de cœur, il faut prendre un œuf frais, le faire cuire légèrement ou plutôt l'échauffer seulement, en ôter le blanc, remplir l'œuf d'huile d'olive, bien le mêler avec le jaune et avaler ce mélange.

1480. — Boire un petit verre de son urine, le matin à jeun.

1481. — Pour se préserver, se frotter les mains et le front avec du vinaigre des quatre-voleurs.

1482. — Autre préservatif : Mélanger 125 gr. de soufre pulvérisé avec 250 gr. de miel, et prendre de cette préparation une cuillerée à jeun.

1483. — Voici une excellente préparation, qui peut se conserver longtemps, contre la peste, le choléra, etc. Mettre dans trois litres de vinaigre blanc : de la petite absinthe, du romarin, de la sauge, de la menthe, du rhum (50 gr. de chacun); 50 gr. de fleurs de lavande sèche, de l'ail, du scorus, de la canelle, clous de girofle, muscade (4 gr. de chacun). On coupe les plantes, on concasse les plantes sèches, et l'on fait infuser le tout, durant un mois, dans un vase bien bouché. On passe ensuite la liqueur, on en exprime fortement le jus, on la filtre et on y ajoute 15 gr. de camphre dissous dans de l'esprit-de-vin. En boire un petit verre.

1484. — Pour se préserver de la peste, mélanger 125 gr. de fleurs de soufre avec 250 gr. de miel; en prendre une cuillerée par jour.

Petite vérole.

1485. — Faire dissoudre dans du bouillon du sel ammoniac et une égale quantité de poudre d'yeux d'écrevisse; en prendre deux fois par jour un petit verre, jusqu'à ce que les croûtes soient sèches; pas de lavement ni de purgation.

Peur.

1486. — Pour une peur qui a produit un tremblement, faire bouillir dans du lait des graines de courge ou des noyaux d'amandes, et en prendre tous les matins à jeun, pendant quinze jours.

1487. — Boire un litre par jour, pendant quinze jours, d'infusion d'asplénie trichomane. — Aussitôt qu'un enfant ou une grande personne a eu peur, il faut employer une de ces deux recettes.

Piqûre.

1488. — Pour une piqûre d'épine ou autre, faire cuire une poignée de rue dans de la graisse de porc mâle et l'appliquer dessus pendant vingt-quatre heures.

1489. — Pour une piqûre de scorpion, prendre l'animal, l'écraser, l'appliquer sur la blessure; prendre des scorpions quand on en trouve, les mettre dans de l'huile d'olive; cette huile est très-bonne contre les piqûres de ces bêtes vénimeuses; à défaut, tremper le doigt dans l'urine.

Pisser au lit (Pour ne pas)

1490. — Mettre un verre de vin vieux dans un pot neuf, cinq clous de girofle, un peu de canelle, la moitié d'une noix muscade, deux petits morceaux de sucre; faire bouillir à petit feu, réduire à un tiers. Prendre une cuillerée du médicament matin et soir, à jeun, pendant quinze jours. Après un repos de huit jours, on recommencera, et ainsi de suite, pendant six mois.

1491. — Pour les enfants, leur donner des infusions dans lesquelles on met de la poudre de cloportes; et pour les fortifier les coucher dans la chemise du père; ne jamais laver leur linge dans d'autre eau que l'eau de rivière.

1492. — Contre les épanchements d'urine ou de sperme

frictionner les reins avec des cendres de sarment de vigne, et mettre une ceinture en laine.

1493. — Pour guérir une perte urinaire boire des infusions de pervenche.

Plaies.

1494. — Appliquer sur la plaie des feuilles de laurier-rose, du côté velouté.

1495. — Prendre du savon blanc râpé et du beurre frais, en égale quantité, y mettre du bon vin vieux et faire cuire au bain-marie. On se sert de cette pommade en applications.

1496. — Faire des applications avec la composition suivante : un verre de vin vieux, 125 gr. de beurre frais, 125 gr. de sucre ; le tout fondu au bain-marie et battu, jusqu'à ce que ce soit à l'état de pommade.

1497. — S'il y avait suppuration, mettre sur la plaie de la pommade de jus de plantain, huile d'olive vierge et cire jaune, cuite au bain-marie.

1498. — Faire cuire de la morelle, bassiner la plaie avec l'infusion et appliquer les feuilles dessus.

1499. — Faire fondre sur une chandelle de la cire vierge dans de l'huile d'olive et appliquer sur la plaie avec de la charpie.

1500. — Prendre un morceau de lard salé, qui ne soit pas rance, le piquer tout autour avec des grains d'avoine blanche et le faire fondre sur une chandelle. En mettre ensuite gros comme une noisette sur la plaie et couvrir avec du papier gris.

1501. — Placer dans un pot un lit de limaces et un lit de sel, alternativement, jusqu'à ce qu'il soit rempli ; laisser le tout se fondre en huile et faire des applications.

1502. — Pour faire sécher une plaie, bien la laver avec un linge imbibé d'eau salée, et appliquer ensuite dessus deux centimètres environ de camphre en poudre que l'on laisse pendant trois jours, en ayant soin d'arroser de temps en temps la bande avec de l'huile d'olive ou de l'eau de goudron.

1503. — Quand la plaie est à la jambe, se laver avec du son, y appliquer de son urine et couvrir la plaie avec des feuilles de sureau.

1504. — Faire bouillir du buis pendant une demi-heure et arroser la plaie ou faire des applications avec cette eau ; frotter ensuite avec de la graisse blanche.

1505. — Râper pour 30 centimes environ de savon blanc dans un demi-litre d'eau-de-vie, mettre fondre au bain-marie et faire des applications. Ce remède est également bon pour une foulure.

1506. — Pour fermer une plaie causée par un accident, il faut prendre 100 gr. de baume du commandeur, quatre gouttes de laudanum, bien remuer, en laver la plaie que l'on lie ensuite avec de petites bandes de diachylon. Il faut mouiller la bande trois fois par jour avec cette préparation.

1507. — Humecter la plaie avec de l'extrait de saturne ou du laudanum.

1508. — Envelopper la plaie avec des feuilles de valériane jusqu'à guérison.

1509. — Faire cuire de la sauge dans du vin, sucrer et y tremper de la charpie avec laquelle on fait des applications.

1510. — Pour une plaie résultant d'une coupure, faire bouillir dans un pot neuf, jusqu'à ce que la pommade fasse l'œil de perdrix, 50 gr. de litharge, 100 gr. d'huile d'olive et 100 gr. de cire jaune. Bien remuer avec une spatule en bois. On fera des applications avec cette pommade. — Très-bon remède.

1511. — Mettre sur la plaie, le soir, la moitié d'un fromage frais, et l'autre le matin.

1512. — Pommade très-bonne pour une plaie : Faire bouillir un litre de vin de Narbonne, jusqu'à réduction de moitié ; faire dissoudre dans le vin un poids égal de miel naturel ; y ajouter deux jaunes d'œufs, après les avoir bien délayés, et bien remuer le mélange jusqu'à ce qu'il ait la consistance d'une pommade. En faire ensuite des applications sur la plaie.

1513. — Mélanger des glaires d'œufs frais avec de l'huile d'olive ; laisser dégoutter dans cette préparation du lard rance que l'on fait brûler, et appliquer sur la plaie. — Egalement bon pour les coups de sang.

1514. — Faire fondre au bain-marie de la graisse blanche dans laquelle on mélange une pincée de vert-de-gris et une pincée de résine. — Remède bon pour toutes les plaies, en applications.

1515. — Contre les vers dans une plaie, écraser des feuilles de persicaire ; le jus tue les vers, ou ils sortent.

1516. — Pour guérir une plaie difficile, faire cuire promptement des feuilles de gros choux dans du gros vin rouge, les mettre en cataplasme. — Ceci guérit les érysipèles.

1517. — Faire cuire rapidement des feuilles de gros chou dans du gros vin rouge ; les appliquer en cataplasmes ; cela guérit les érysipèles et toutes les plaies difficiles.

1518. — Appliquer des feuilles de bardane ; faire des décoctions de sarrasin et en boire.

1519. — Appliquer du lard rance bien salé.

1520. — Pour nettoyer une plaie, faire bouillir des cendres de sarments de vigne et laver avec l'eau ; les bains de mauve sont également bons.

1521. — Huile d'olive, cire vierge, savon blanc râpé, un petit verre d'eau-de-vie ; du tout, parties égales ; faire bouillir au bain-marie ; bien remuer pour faire un onguent et l'appliquer.

1522. — Écraser du cétérach, l'arroser avec de l'huile d'olive, en faire un cataplasme, puis laver la plaie avec de l'eau chaude et mettre dessus une feuille de cétérach.

1523. — Plaie gangréneuse : arroser avec du jus de lierre terrestre.

1524. — Faire fondre du saindoux, y ajouter un crottin de cheval et appliquer.

1525. — Pour faire sécher une plaie, la couvrir de feuilles de chêne.

1526. — Prendre un litre d'eau et 8 à 10 feuilles de noyer séchées à l'ombre ; les faire bouillir cinq minutes ; avec un linge laver la plaie ; s'il est possible appliquer une ou deux feuilles ou envelopper la plaie d'un linge trempé dans le liquide. Renouveler trois fois par jour : en peu de jours on est guéri.

1527. — Onguent bon pour les plaies : 250 gr. d'huile d'olive, 125 gr. de mine de plomb rouge, 45 gr. de cire jaune ; faire bouillir l'huile, y jeter la mine et la cire en remuant jusqu'à ce que la composition devienne un sirop ; quand elle est brune, la faire refroidir sur du papier neuf ; puis en faire des tablettes que l'on fera chauffer légèrement avant de s'en servir.

1528. — Écraser de la renouée des oiseaux et l'appliquer deux fois par jour.

1529. — Pour guérir une plaie très-vieille, boire un verre de jus de cresson tous les matins à jeun pendant six semaines ; appliquer de la panne. Après guérison prendre 5 grammes d'iodure de potassium, les mettre dans soixante-dix cuillerées d'eau ; mettre une cuillerée de cette potion dans un verre d'eau et le boire à jeun pendant une quinzaine de jours.

Point de côté.

1530. — Faire des applications de vin vieux que l'on a fait bouillir avec de la lie de vin.

1531. — Sur tous les points douloureux, appliquer une ventouse de la manière suivante : On fait brûler du papier au fond d'un verre et on applique celui-ci sur le mal.

1532. — Faire fricasser de la cendre de buis et du son dans du vinaigre de vin, et appliquer en cataplasme.

1533. — Appliquer un cataplasme composé de moutarde, délayée dans du vinaigre et du riz cuit.

1534. — Appliquer sur le point du sel marin chauffé.

1535. — 2 gr. de turbith pulvérisée, 60 gr. de jalap. 4 gr. d'alcali, 120 gr. de sucre, 2 gr. de rhubarbe; faire infuser dans trois quarts de litre d'eau-de-vie pendant vingt-quatre heures; prendre 60 gr. de fleurs de sureau infusées dans un quart d'eau-de-vie pendant vingt-quatre heures et 60 gr. de sirop de fleurs de pêcher; mêler le tout ; en prendre trois cuillerées à bouche pour un homme et deux pour une femme, à un jour d'intervalle.

1536. — Écraser du pyrèthre sur une brique neuve bien propre, arroser avec du vinaigre et appliquer.

1537. — Prendre deux blancs d'œufs, mêler avec quatre cuillerées de farine, battre, étaler sur un linge, mettre dessus de la verveine et appliquer.

1538. — Faire cuire une pomme de terre dans les cendres, l'écraser et l'appliquer devant un grand feu.

Purgation.

1539. — Prendre 30 gr. de manne et 15 gr. de séné.

1540. — Faire infuser, dans un litre d'eau, de la racine de pissenlit, de l'oseille, des bourgeons de pêcher (une poignée de chacun), y ajouter 7 gr. de séné et une cuillerée de miel.

1541. — Pour purifier le sang, boire, à jeun et le soir, des infusions de gentiane. — Cette infusion donne de l'appétit.

1542. — Pour faire une bonne tisane purgative, il faut faire bouillir dans un litre d'eau que l'on laisse réduire à moitié, pour 5 centimes d'orge en paille, 5 centimes de chiendent, 10 centimes de racines de fraisier, 5 centimes de racines de chicorée amère et autant de fleurs de pêcher. Passer ensuite et ajouter pour 5 centimes de séné et de sel d'Epsom. On boira de cette infusion toutes les fois que l'on ira à la selle.

1543. — Prendre 1 gr. de poudre de jalap, en deux ou trois prises, selon la constitution de la personne. On mettra la quantité que l'on doit prendre dans deux cuillerées d'eau. Les jours de purgation, boire, de demi-heure en demi-heure, du bouillon d'herbes ou du bouillon de raves.

1544. — Pour purifier le sang, faire de la tisane bien cuite avec de la saponaire, du bois de douce-amère, du bois de réglisse et des racines jaunes, en plus grande quantité que le reste. Boire à sa soif de cette tisane pendant la journée, et le soir de la tisane de centaurée.

1545. — Faire bouillir dans un bon verre d'eau et prendre en boisson : 30 gr. de manne, 5 centimes de sel de nitre, une pincée d'anis et une pincée de fleurs de pêcher.

1546. — Boire une décoction de deuxième écorce de racine de sureau.

1547. — Faire deux infusions avec une pincée de pyrèthre. Exprimer le jus de la seconde écorce du sureau; en boire une cuillerée.

CHAPITRE XVI

Rache ou Teigne.

1548. — Faire fondre de la cire et de l'huile d'olive au bain-marie; y ajouter de la poudre d'une tuile rouge neuve, pilée et passée au tamis, une cuillerée de graisse blanche mâle non salée et 5 centimes de fleur de soufre. On mêle bien le tout, de manière à en faire un onguent; on en étend gros comme une noisette sur une feuille de chou ou une toile cirée et on applique sur le mal.

1549. — Mettre dans un vase un litre d'eau de noix et y mêler un dé de poudre et une pincée de suie de bois; faire chauffer l'huile sur de la cendre chaude et en oindre la tête tous les deux jours. Laver la tête de la personne avec son urine, après y avoir mis du sel. — Faire ce remède jusqu'à guérison.

1550. — Faire fondre 125 gr. de graisse blanche d'un porc mâle, y mêler une pincée de poudre d'un crapaud que l'on a fait sécher au four, bien délayer le tout et en frotter la tête du malade jusqu'à guérison.

1551. — Porter des bonnets de taffetas ciré, tant que le mal donne, en ayant soin de les entretenir propres. Si la guérison n'arrivait pas, appliquer un emplâtre de poix de cordonnier sur laquelle on a étendu de la cire jaune.

1552. — Faire des applications d'amandes pilées placées entre deux linges.

Rétention d'urine.

1553. — Faire cuire du raifort ou rave, en faire un cataplasme avec du sel, de l'huile, de la mélisse, de la mercuriale et de la pariétaire, une poignée de chacun ; l'appliquer sous les pieds.

1554. — Faire infuser de la pimpinelle (anis) avec des graines de courge pilées ; ajouter une cuillerée d'huile d'olive ; trois injections suffisent.

1555. — Concasser une forte poignée de chènevis ou graine de chanvre, le mettre dans un litre d'eau bouillante, laisser infuser cinq à six minutes et boire à volonté.

1556. — Pour les enfants, faire des infusions de pariétaire.

1557. — Prendre trois feuilles de mercuriale dans un verre d'eau ; boire des infusions de pariétaire.

1558. — Prendre cinq têtes de poireaux, les fricasser avec de la graisse blanche et appliquer au bas-ventre.

1559. — Prendre des queues de cerises et de la graine de lin, une pincée de chacune, faire infuser ; boire à sa soif.

1560. — Faire frire une grosse poignée de racines de poireaux ou la barbe avec du saindoux ; l'appliquer au bas-ventre.

1561. — Mettre 15 gr. de mélisse dans un litre et demi d'eau ; faire bouillir ; ajouter 5 gr. de pyrèthre et en boire.

1562. — Faire bouillir du petit géranium et boire quatre jours de la décoction.

1563. — Concasser des graines de millet et des graines de citrouille ; les faire cuire et boire.

1564. — Faire infuser une poignée de la deuxième écorce de tilleul dans du vin blanc, pendant vingt-quatre heures, et boire.

1565. — Faire deux infusions avec 12 gr. de séné ; les boire à une heure d'intervalle. Le lendemain, avec 12 gr. faire quatre infusions de 3 gr. chacune ; les boire de deux heures en deux heures.

1566. — Faire bouillir de la pariétaire et boire la décoction.

1567. — Faire bien cuire 50 gr. de grande consoude avec très-peu d'eau ; verser dans une bouteille de vin blanc et en boire.

1568. — Mettre dans un pot de terre neuf : un litre de vin blanc très-vieux, 10 centimes de raifort sauvage, 5 centimes de prêle ou queue de cheval, et laisser infuser au serein pendant quarante-huit heures. — On boit cette préparation par verre, dans l'espace de cinq heures.

1569. — Boire pendant vingt jours, et chaque jour, un litre d'eau dans lequel on a mis 10 gr. de carbonate de soude et du miel.

1570. — Mettre dans un litre et quart d'eau : un demi-paquet de mauve, un demi-paquet de pariétaire; bien faire bouillir et tirer au clair. On ajoute ensuite 30 gr. de sel de nitre et l'on boit bien chaud, en aussi grande quantité que l'on pourra. — Prendre, autant que possible, des bains de mauve.

1571. — Faire tremper pendant dix heures une poignée de pois chiches dans une chopine d'eau exposée la nuit à l'air. Se lever à trois heures du matin, boire cette eau et se recoucher.

1572. — Faire bouillir un paquet de petites raves dans deux litres d'eau jusqu'à réduction d'un litre, y mettre une pincée de sel de nitre et prendre en boisson. — Faire ce remède plusieurs fois.

1573. — Boire, soir et matin, des infusions de mouron blanc ; appliquer sur le bas-ventre et sur les parties des cataplasmes de poireaux bien cuits et bien chauds ; prendre très-souvent des bains de siége.

1574. — Faire cuire une huitaine d'oignons dans un litre d'eau qu'on laissera réduire de moitié ; passer et mettre une pincée de sel de nitre dans chaque bol que l'on boit.

1575. — Faire cuire un paquet de poireaux dans de l'eau, saler et y mettre du beurre frais. On boira le bouillon et l'on appliquera les poireaux sur le bas-ventre.

1576. — Pour guérir un catarrhe de la vessie, mettre dans

un pot neuf trois litres de vin blanc vieux; y ajouter de la pariétaire, des fleurs de grenadier, de la racine de fraisier, de l'anis étoilé (30 gr. de chacun), 8 gr. de coloquinte; faire bouillir le tout deux minutes. On boira un demi-verre de cette préparation, tous les jours après dîner.

1577. — Boire tous les jours, pendant trois mois, un consommé composé de la manière suivante : une racine jaune, une laitue, une chicorée blanche, du beurre frais et du sel.

1578. — Boire, jusqu'à guérison, des infusions faites avec des poireaux non replantés et faire du bouillon avec les autres.

1579. — Manger à jeun des asperges crues; faire des infusions avec des cloportes ou avec des queues de cerises.

1580. — Écraser des écrevisses et en appliquer un emplâtre sur le bas-ventre.

1581. — Boire, le matin à jeun, deux verres d'eau de mauve et très-souvent dans la journée; piler une poignée de persil, la mettre entre deux linges et l'appliquer sur le nombril.

1582. — Boire des infusions de houblon.

1583. — Faire sécher des zestes de noix, les réduire en poudre et en mettre deux pincées dans un verre de vin blanc.

1584. — Faire une omelette avec des racines de poireaux ou de l'huile de scorpion. — Ou bien faire tremper des scorpions dans de l'huile d'olive et les appliquer sur la clef des reins.

1585. — On peut également boire du vin-blanc dans lequel on a mis une pincée de poireaux secs concassés. — Remède bon pour guérir la pierre.

1586. — Appliquer des compresses de séneçon bouilli dans de l'huile d'olive.

1587. — Boire de la tisane de herniaire dans laquelle on

a mis une pincée de poudre de cloportes grillés. En boire trois ou quatre fois. — Remède pour un homme.

1588. — Pour dissoudre la pierre, boire des infusions de racine d'asperges.

1589. — Boire du vin dans lequel on a fait cuire de la racine d'artichauts.

1590. — Boire, jusqu'à guérison, des infusions de fleurs de dents de lion : une le matin à jeun, une autre en se couchant. (Huit ou dix fleurs par infusion.)

1591. — Boire des infusions de herniaire glabre pour faire dissoudre la pierre.

1592. — Mettre dans un litre de vin blanc 8 gr. de graine de gremil; laisser infuser toute la nuit et boire. — Ce remède fait dissoudre la pierre et fait uriner plus facilement.

Rhumes.

1593. — Prendre deux fortes poignées de fleurs de bouillon blanc, la moitié d'une tête de pavot sans grains, 15 gr. de fleurs de guimauve, 15 gr. de fleurs de mauve, 15 gr. de fleurs de violettes, 15 gr. de fleurs de tussilage, mettre le tout dans deux litres d'eau que l'on fait bouillir à petit feu, jusqu'à réduction de moitié. On passe ensuite l'infusion dans un linge que l'on tord fortement. On fait ensuite rebouillir ce jus un instant et l'on y ajoute 100 gr. de sucre candi. Boire de cet extrait une cuillerée toutes les heures.

1594. Boire, matin et soir, des infusions de lait où l'on a fait bouillir du lierre terrestre.

1595. — Boire soir et matin, pendant trois jours, des infusions de cassis.

1596. — Faire cuire douze œufs durs, les partager, et en sortir le jaune que l'on remplace par du sucre; après l'on rejoint les deux parties. On place ensuite, pendant vingt-quatre heures, les œufs sur un grillage de fil de fer et l'on recueille dans un plat le jus qui résulte de la distillation. — Boire de ce sirop à volonté.

1597. — Pétrir ensemble 50 gr. de manne et 15 gr. de sucre candi : la malade en prendra gros comme une noisette, soir et matin.

1598. — Boire des infusions de bois résineux, pin, etc.

1599. — Appliquer sur la poitrine, pendant six heures s'il le faut, des cataplasmes d'orties cuites dans du vin vieux. Maintenir ces cataplasmes bien chauds, en les renouvelant.

1600. — Faire bouillir et réduire à moitié un litre de vin vieux dans lequel on a mis 250 gr. de sucre, et une poignée d'orties ; passer et boire en trois fois. Appliquer le résidu bien chaud sur l'estomac.

1601. — Faire fondre de la poix de Bourgogne et en appliquer entre les deux épaules ou sur le creux de l'estomac.

1602. — Boire à jeun du vin dans lequel on a fait bouillir des bourgeons de sapin.

1603. — Pour une toux pulmonique, mettre dans quatre litres d'eau de la scabieuse et une racine de chicorée amère, et faire réduire à moitié ; sucrer et boire une cuillerée toutes les heures.

1604. — Pour un léger rhume, boire un verre d'eau fraîche, matin et soir, pendant deux jours.

1605. — Pour développer un rhume, boire des infusions d'ortie.

1606. — Pour faire passer un rhume de cerveau, faire infuser du sureau dans un litre d'eau, et s'en servir en fumigations après en avoir bu une infusion.

1607. — Faire une fumigation avec du vinaigre, dont on verse quelques gouttes sur une pelle rouge (*Rhume de cerveau*).

1608. — Prendre de l'écorce de cacao, la faire bouillir, la passer, s'en servir comme de café, en la coupant avec du lait; en boire à volonté.

1609. — Contre le rhume (surtout celui des chanteurs). — Prendre 30 gr. de raisin de Damas, 16 gr. de réglisse raclé et concassé, 16 gr. de racines de tussilage, des feuilles de langue de cerf, de rue des murailles, de cétérach et d'hysope (une demi-poignée de chacune); une pincée de violettes, une pincée de bourrache ; faire bouillir le tout huit minutes sur un feu clair et doux, le couler, y mettre 200 gr. de sucre candi pulvérisé, le faire cuire en consistance de sirop et l'aromatiser avec deux grains de musc.

1610. — Faire dissoudre trois cuillerées de sel fin dans un demi-verre d'eau, se gargariser avec; ensuite en prendre une cuillerée à café, y mettre du camphre en poudre ; boire cette saumure ; remplir un bas de cendres chaudes et le mettre autour du cou.

1611. — Faire bouillir un litre d'eau avec une poignée de son frais, le tirer au clair et y mettre 250 gr. de sucre candi; faire bouillir, le boire à la régalade; le faire trois fois.

1612. — Exprimer le jus d'un oignon cuit dans les cendres, le sucrer et le boire ; appliquer de l'étoupe graissée avec de la chandelle sur l'estomac.

1613. — Faire cuire un poireau, verser le bouillon dans un bol de lait, sucrer et boire.

1614. — Prendre 60 gr. de sucre jaune et un verre d'eau; faire bouillir et réduire à une cuillerée à bouche; boire en se couchant ; le faire trois fois.

1615. — Mettre dans un demi-litre d'eau une cuillerée à café de fleur de soufre, en boire trois cuillerées par jour, une à chaque repas.

1616. — Pour un gros rhume, prendre une pincée de fleurs de pas-d'âne, en faire une infusion, la sucrer avec une cuillerée de miel de Narbonne ; deux fois suffisent.

1617. — Contre un rhume et une courbature de reins, faire une décoction avec deux feuilles de bourrache, une pincée de fleurs de sureau et quatre feuilles de violette ; en la retirant du feu, y mettre cinq feuilles de ronce. En boire pendant quatre à cinq jours ; se tenir bien chaudement.

1618 — 125 gr. de sucre candi, 125 gr. de gomme arabique, six navets blancs, six oignons blancs ; faire bouillir dans un litre et demi d'eau et réduire à un litre ; en boire trois cuillerées à la fois, à volonté.

1619. — Deux litres d'eau, 20 gr. de gomme arabique, 20 gr. de sucre candi, deux pommes reinettes, 10 centimes de miel, 10 centimes de mou de veau, une laitue ; faire bouillir, réduire à moitié, et boire par deux cuillerées toutes les heures.

1620. — 30 gr. de beurre frais, 30 gr. de miel blanc, faire fondre ensemble ; en prendre gros comme une noix.

Rougeole.

1621. — Écraser des feuilles de fumeterre et en envelopper le malade.

1622. — Faire bouillir du lait et le sucrer ; avoir une chandelle que l'on laisse un instant dans le lait avant de le boire. On étend ensuite la chandelle sur du papier gris que l'on applique sur l'estomac. — Faire ce remède jusqu'à guérison.

CHAPITRE XVII

Sang arrêté.

1623. — Faire des infusions avec les fleurs d'aubépine, en boire beaucoup.

1624. — Prendre six cailloux blancs dans une rivière, les faire rougir au feu, mettre la personne nue, debout, dans une couverture de laine, au-dessus d'une marmite dans laquelle il y a de l'eau ; tremper doucement les cailloux les uns après les autres, sans laisser perdre la vapeur ; ensuite coucher la personne bien chaudement.

1625. — Prendre une bouteille de vin blanc bien vieux, y mettre trois noix muscades. 5 centimes de clous de girofle, 10 centimes de cannelle, une poignée de moldavie; faire bouillir vingt minutes ; en boire matin et soir un tiers de verre.

1626. — Faire chauffer une bouteille de vin jusqu'à l'ébullition ; la boire et mettre entre les jambes une bouteille d'eau aussi chaude que possible.

1627. — Faire infuser de l'arnica, en boire ; ou faire des infusions d'armoise et en boire un demi-litre. Bon pour les femmes en couches.

1628. — Faire infuser une poignée d'absinthe dans un litre de bon vin blanc ; le boire en trois jours.

1629. — Prendre un citron, le piquer de neuf clous de girofle, le faire infuser dans une bouteille de vin blanc, à froid, pendant vingt-quatre heures ; en boire un petit verre à bordeaux tous les deux jours. Dans l'intervalle, faire cuire une botte de cresson dans deux verres d'eau, réduire à moitié et boire.

1630. — Pour faire revenir le sang, faire lessiver une chemise aux cendres, la faire sécher sans la laver et la porter telle.

1631. — Mettre un œuf qui vient d'être pondu dans un litre de vin blanc vieux, et le laisser infuser pendant quarante-huit heures; en faire boire un verre à la personne qui fera une course après. — Continuer le remède.

1632. — Arracher des poireaux, en secouer la terre sans les laver, et les faire bouillir dans du lait; passer et boire par cuillerée.

1633. — Boire pendant trois jours de la tisane de centaurée, puis de la tisane de houblon avec des feuilles de noyer. — La tisane de feuilles de noyer est très-bonne contre les oppressions.

1634. — Pour faire venir le sang à une jeune personne, lui faire boire des infusions d'absinthe.

1635. — Pour faire revenir le sang perdu longtemps, boire quatre bouteilles de vin blanc, une par jour, pendant les quatre derniers jours de la lune. On mettra dans chaque verre une pincée de safran en poudre.

1636. — Faire bouillir des coquilles de noisettes et boire de cette infusion pendant huit jours.

1637. — Faire bouillir une poignée d'armoise dans un litre de vin blanc; on en boira en se levant et en se couchant. Les fleurs d'aubépine sont aussi très-bonnes.

1638. — Boire des infusions de racine de saponaire.

1639. — Écraser des feuilles d'orties avec de la myrrhe, et en faire des applications sur le nombril.

1640. — Boire, pendant quinze jours, des infusions de marrube blanc.

1641. — Boire des infusions de tanaisie.

Sang (Coup de).

1642. — Pour un coup de sang, faire griller de la farine de

seigle, la mettre entre deux linges bien chauds et faire des applications aux jambes. — Ou appliquer de la *bouse* de vache entre deux linges.

1643. — Boire de l'infusion faite avec quinze zestes de noix.

1644. — Pour une remontée de sang, si c'est pour un enfant, faire griller deux tranches de pain, les arroser de vinaigre et les appliquer sur la plante des pieds. — Pour une grande personne, appliquer de la moutarde.

1645. — Pour un coup de sang à un bras ou autres, tremper du chanvre dans du vinaigre, et en faire des applications. — Boire des infusions de saponaire.

1646. — Faire bouillir de la racine de chardon à carder et en boire le matin à jeun.

1647. — Manger 2 gr. de l'herbe appelée corne-de-cerf.

1648. — Quand on a trop de sang, faire infuser dans un litre d'eau 60 gr. de la sanilce, en boire un verre tous les matins ; cela diminue le sang d'un demi-litre par litre de cette tisane.

1649. — Prendre une poignée de feuilles de frêne, autant de saponaire ; faire infuser ; boire très-souvent de l'infusion.

Sang (éruption de).

1650. — Pour faire disparaître une éruption de sang, faire cuire de la racine de jusquiame, s'en laver et s'essuyer ; le faire trois semaines.

Sang (pour le purger).

1651. — Boire des infusions de germandrée.

1652. — Boire des infusions de marrube blanc, pendant un mois, deux fois par jour.

1653. — Pour empêcher d'uriner le sang, faire cuire des oignons blancs dans de la graisse blanche et en faire des applications pendant quinze jours, au bas-ventre. Très-bon pour les douleurs.

1654. — Contre le sang sur l'estomac, boire souvent de l'infusion suivante : Faire bouillir dans un litre d'eau une poignée de pariétaire, une poignée d'avoine, un morceau de douce-amère, une poignée de bourrache.

1655. — Pour un sang glacé, boire de la tisane faite avec de la feuille d'oranger, de l'orge perlé, des pruneaux et de la fleur de guimauve.

1656. — Pour refaire le sang, mettre dans la soupe, pendant un mois, les trois qualités d'orties, la piquante, celle qui a la fleur blanche, et l'ortie à fleur rouge.

1657. — Pour un sang tourné, faire bouillir dans un litre et demi d'eau un tiers de livre de son ; passer ensuite et sucrer avec du miel blanc. En boire pendant trois semaines.

Sang (retour de l'âge).

1658. — Les hommes boiront des infusions de scabieuse lilas ; les femmes, de la scabieuse à fleurs bleues, que l'on trouve dans les prés.

1659. — Boire des infusions de *vrille* de vigne.

1660. — Les femmes boiront des infusions d'armoise.

1661. — Boire des infusions de bétoine officinale. — Bon également pour les pertes.

1662. — Prendre la deuxième écorce de l'églantier, en faire une boule de la grosseur d'une noix, la faire bouillir dans un litre d'eau et boire dans le courant de la journée pendant plusieurs jours.

1663. — Prendre la moitié d'une feuille rouge de vigne avec deux petites feuilles de cassis ; en boire longtemps ; s'arrêter si les règles reviennent.

1664. — Boire une cuillerée à bouche de vulnéraire ou eau d'arquebuse à jeun ; le faire avant l'époque du retour.

1665. — Prendre une petite cuillerée à café de fleurs de

soufre dans une soupe, les trois premiers jours de la lune nouvelle.

Scorbut.

1666. — Acheter pour 5 centimes de vitriol blanc et en imbiber un linge que l'on met sur les gencives. Renouveler plusieurs fois les applications.

1667. — Se gargariser avec l'infusion suivante : Faire cuire dans un litre d'eau 30 gr. d'alun de roche et trois têtes de pavot, et laisser réduire à moitié.

1668. — Faire bouillir et laisser réduire à moitié un litre de vinaigre naturel dans lequel on aura mis de la grande joubarbe et de l'éponge d'églantier.

Scrofule.

1669. — Pour guérir la scrofule, prendre de l'ortie blanche que l'on appelle *lamium* et en appliquer sur le mal avec un grain de sel. (Cela est également bon pour une brûlure.) — Ou appliquer de l'herbe de scrofulaire, qui est bonne pour tous les maux.

Soif (contre la).

1670. — Pour une maladie d'intestin qui excite la soif, boire des semences froides (graines de courges des quatre qualités) en tisane ; un litre tous les jours pendant dix jours.

Sommeil (pour se procurer le).

1671. — Mettre deux feuilles de verveine infuser pendant quinze heures dans l'eau froide ; en boire un verre après souper.

Surdité.

1672. — Mettre de la deuxième écorce du bois de frêne en forme de tampon dans l'oreille.

1673. — Extraire du jus de poireau, en imbiber du coton,

et le mettre dans l'oreille plusieurs fois dans la journée ; le faire pendant quatre jours.

1674. — Faire cuire un petit oignon dans des cendres de bois, le peler, le tremper dans l'huile d'olive et le mettre dans l'oreille ; le faire trois fois.

1675. — Appliquer sur l'oreille des petits pains chauds sortant du four ; ou bien faire un trou au pain et l'appliquer en regard du conduit auditif ; l'y laisser jusqu'à ce qu'il soit froid.

1676. — Faire une fumigation avec de la graine de genièvre bouillie dans l'eau.

1677. — Mettre un tampon de lard rance dans l'oreille.

1678. — Prendre de la laine (en dessous des jambes des moutons) et en mettre dans les oreilles.

1679. — Extraire du jus d'oignons blancs, ajouter une égale part d'huile d'olive ; faire chauffer ce mélange dans une cuillerée à café et en verser cinq ou six gouttes, matin et soir, dans l'oreille dans laquelle on tiendra du coton. Se purger avant de faire ce remède et après l'avoir fait.

1680. — Prendre des cœurs de la grande joubarbe, les couper bien menu et les introduire dans une fiole qui aille au feu, et où l'on a mis de l'huile d'olive. On entoure la fiole de deux centimètres de pâte environ, et on la met au four, où on la laisse jusqu'à ce que la grande joubarbe soit réduite en huile. Tremper du coton dans cette préparation et se le mettre dans les oreilles.

1681. — Faire cuire une gousse d'ail dans les cendres, l'écraser, l'arroser avec trois gouttes d'huile de morphine et en former une boulette que l'on introduit dans l'oreille, en ayant soin de la recouvrir de coton.

1682. — Mettre infuser de la seconde écorce de branches de frêne, et se faire dans l'oreille des injections avec cette infusion, en se tenant penché ; imbiber du coton de cette même eau et se le mettre dans les oreilles.

1683. — Fendre un jeune pigeon et l'appliquer sur l'oreille, où on l'y laisse une journée.

1684. — Prendre des poireaux non replantés, les piler bien fin, les passer dans un tamis, et mettre le jus dans les oreilles, deux fois par jour.

1685. — Prendre, dans le mois d'août, des branches de frêne vertes, les faire brûler en commençant par le milieu et ramasser l'eau qui découle des deux extrémités. On s'en servira pour en mettre quelques gouttes dans les oreilles.

1686. — Faire une infusion de bourgeons de frêne et s'en servir pour des injections dans les oreilles. Se mettre dans les oreilles du coton imbibé de cette eau.

1687. — Mettre trois jours de suite dans les oreilles un peu de résine de sapin enveloppée dans du coton.

1688. — Faire une infusion de mauve avec laquelle on répétera plusieurs fois des injections pendant un quart d'heure.

1689. — Faire des fumigations avec une infusion de toutes sortes de fleurs des champs. Renouveler quatre fois.

1690. — Écraser l'écorce d'une pousse de chêne d'une année, en extraire le jus et en mettre trois gouttes dans chaque oreille.

1691. — Faire brûler du lard rance et se mettre dans les oreilles du coton trempé dans le jus.

1692. — Faire jusqu'à guérison des injections avec son urine dans les oreilles.

1693. — Mêler du fiel de perdrix et de l'huile d'ambre blanc et en mettre, pendant quatre jours, quatre gouttes dans les oreilles.

1694. — Prendre des vers de terre, des œufs de fourmis, des feuilles de rue, le tout en quantités égales; broyer le tout ensemble et faire bouillir dans de l'huile d'olive. Passer et en imbiber du coton que l'on se met dans les oreilles, où l'on a mis auparavant deux gouttes de cette liqueur. Faire ce remède trois fois par jour.

1695. — Écraser da la pariétaire et en faire un tampon que l'on met dans les oreilles.

1696. — Contre un coup d'air aux oreilles, prendre du lard rance, le faire brûler à la chandelle; imbiber de coton la graisse qui a coulé; tremper ce coton dans l'eau de Cologne et le mettre dans l'oreille.

CHAPITRE XVIII

Taches à la figure (et autres).

1697. — La racine de bryone, cuite dans de l'huile d'olive, enlève les taches du visage, les boutons, les lentilles, les cicatrices noires.

1698. — Prendre de la racine de bourrache, en enlever le cœur, la faire tremper dans du vinaigre rosat très-fort; en bassiner souvent les marques avec une éponge, si c'est possible.

1699. — Faire des applications de roquette cuite.

1700. — Faire bouillir 30 gr. de riz dans 500 gr. d'eau commune; se laver le visage avec cette eau, quand le riz sera cuit.

1701. — Il faut prendre la racine et les feuilles de la benoite, bien les nettoyer et les distiller; il faut laver souvent avec l'eau les taches ou marques; elles se dissiperont. La benoite doit être ramassée à la fin de mai.

1702. — Prendre un blanc d'œuf et de l'alun de roche en poudre; faire une neige en battant; la mettre sur de l'étoupe et l'appliquer.

Teigne des enfants (voir Rache).

1703. — Prendre du vieux beurre rance, y mélanger de la sciure de bois bien fine, frotter la tête avec cette pommade, puis l'essuyer et la couvrir avec un bonnet; le soir laver la tête avec de l'urine d'une personne qui boit du vin pur; répéter la friction et ne jamais porter le même linge; purifier tout ce qu'on aura porté. Le linge enfoui pendant quinze jours dans la terre est purifié.

1704. — Fondre une chandelle avec autant de poudre de camphre ; en faire une calotte et l'appliquer bien chaude, autant qu'on pourra le supporter.

1705. — Une pincée de suie folle, une cuillerée de sel gris, une demi-livre de beurre frais ; mettre fondre dans un pot de terre, bien délayer et en frotter la partie malade.

Tête (Maux de).

1706. — Pendre au cou un gros plantain, la racine en haut et la cime en bas, après avoir secoué la terre. Ne pas le laver.

1707. — Piler une douzaine d'oignons blancs dans du papier ou des feuilles de chou et les faire cuire dans les cendres ; on les écrase ensuite et on les applique sous la plante des pieds, avec une cruche d'eau chaude pour maintenir la chaleur. Il suffit de faire deux de ces applications pour guérir le mal de tête.

Toux (voir Irritation et Rhume).

1708. — Contre toutes espèces de mauvaise toux, boire d'heure en heure une cuillerée à café d'une infusion gommeuse contenant du sirop diacode.

1709. — Contre une toux incessante, sirop de capillaire, 120 gr ; extrait thébaïque, 10 centigr. ; en boire une cuillerée à bouche le soir en se couchant, et, si l'on tousse encore, une autre cuillerée au milieu de la nuit. Pour une personne faible, la moitié.

1710. — Boire des infusions de laitue sucrées.

1711. — Mélanger ensemble une cuillerée d'huile d'olive, une cuillerée d'eau de fleur d'oranger et une cuillerée d'eau. Boire après avoir sucré.

1712. — Boire jusqu'à guérison, matin et soir, des infusions de petite centaurée.

1713. — Bien battre ensemble un tiers de fleur de soufre en poudre, deux tiers de miel, et en manger trois cuillerées par jour.

1714. — Concasser des noisettes ou des amandes, les faire infuser et en boire matin et soir pendant huit jours.

1715. — Boire des infusions d'orties.

1716. — Mêler ensemble 60 gr. de beurre de cacao, 60 gr. gomme arabique, 10 gr. extrait de gomme thébaïque, 5 gr. sirop d'ipécacuanha ; faire de ce mélange douze pilules, et en prendre deux par jour avant de se coucher. Il faut n'avoir rien mangé deux heures auparavant.

1717. — Faire une infusion de verveine des Indes, y délayer un jaune d'œuf et la boire.

1718. — Prendre vingt-quatre limaces des plus grosses et jaunes, les mettre dans un pot avec une livre de sucre (un lit de sucre, un lit de limaces), boucher le pot hermétiquement, le laisser à la cave neuf jours et passer le liquide ; en boire une cuillerée matin et soir.

1719. — Trois cuillerées de sirop de gomme, trois cuillerées d'huile d'olive, trois cuillerées d'eau de fleurs d'oranger ; battre ; en boire une cuillerée à jeun.

1720. — Faire deux sacs de graine de lin d'une livre chacun, les mettre bouillir dans l'eau et en appliquer un sur le ventre pendant vingt-quatre heures ; faire bouillir de la racine de guimauve et boire cette tisane froide.

Transpiration.

1721. — Pour faire revenir la transpiration, prendre 500 gr. de sel fin, 30 gr. d'huile d'olive, une bonne poignée de cerfeuil ; piler ensemble et appliquer sous les pieds.

Transpiration aux pieds.

1722. — Pour faire revenir la transpiration, écraser des feuilles de raves et les appliquer sur la plante des pieds.

1723. — Prendre des bains de vinaigre bien chauds. Le même peut servir plusieurs fois.

1724. — 500 gr. de sel fin, 30 gr., d'huile d'olive, un bonne poignée de cerfeuil ; piler ensemble et appliquer sou les pieds.

1725. — Prendre pour 10 centimes de poudre de chaux et autant de sel ammoniac ; mélanger et mettre sur du coton qu'on placera sous les pieds, avec de la toile cirée par-dessus.

Transport (des enfants).

1726. — Mettre un bonnet doublé intérieurement avec du lierre montant.

Tumeurs (pour les faire percer).

1727. — Bien piler ensemble des orties piquantes, du lard et des poireaux, et en faire des cataplasmes.

1728. — Mettre de la pommade camphrée sur un morceau de laine, et s'en frotter autant que possible.

1729. — Faire cuire du séneçon dans l'eau et l'appliquér.

CHAPITRE XIX

Varices.

1730. — Cueillir des feuilles de vigne avant qu'elles ne tombent, bien nettes et sans taches; les réduire en poudre et appliquer solidement sur une compresse; ce remède arrête le sang d'une veine ouverte.

1731. — On trempe des compresses dans de l'eau aiguisée d'une solution de perchlorure de fer (de 8 à 16 gr. pour 250 gr. d'eau) ; on applique des compresses sur les varices ; on les maintient au moyen d'une bande roulée, médiocrement serrée ; on laisse en place pendant vingt-quatre heures. A la levée des compresses, on est tout surpris de voir les dilatations veineuses entièrement effacées ; on renouvelle les applications pendant sept à huit jours.

1732. — Sortir des escargots de leurs coquilles, sans les tuer ; les couper en deux et les appliquer. Les laisser douze heures et en remettre ; en peu de temps on est guéri. (Ceci est bon pour toutes les plaies.)

Venin.

1733. — Une personne qui aurait un venin, pour s'être couchée sur la terre ou ailleurs, s'appliquera sur la plante des pieds, en cataplasme, une grenouille et une douzaine d'écrevisses écrasées, le tout entre deux linges. Pour un enfant six écrevisses suffiront.

1734. — Ou bien mettre un gros crapaud entre deux linges sur la partie malade, ou le tenir sur le devant de la bouche.

Vents.

1735. — Faire des infusions de la pariétaire ou en appliquer sur le ventre.

Verrues.

1736. — Mettre dans une fiole une bonne poignée de sel avec de l'eau en quantité suffisante seulement pour le faire fondre, et aboucher de temps en temps la fiole sur la verrue, pendant huit jours.

1737. — Faire infuser des queues de poireaux dans du vinaigre et en imbiber une patte que l'on place sur le mal, le soir en se couchant. — Ou se frotter avec des racines de poireaux.

1738. — Frotter la verrue avec des feuilles de verne (aune), ou avec une limace, ou avec du sang des mois.

1739. — Frotter les verrues avec des morceaux de pomme.

1740. — Faire rougir une épingle et la planter, autant qu'on pourra le supporter, dans la plus ancienne des verrues. Cela suffira pour les guérir successivement.

1741. — Frotter les verrues avec du lard rance.

1742. — Frotter les verrues avec la glu des feuilles d'aune (verne); une poignée, bouillie dans un verre d'eau, réduite à moitié.

1743. — Faire bouillir une poignée d'aune (verne) dans un verre d'eau, le réduire à moitié; s'en frotter.

1744. — Frotter les verrues avec la graine noire de la morelle ou le jus de la chélidoine; bon pour les cors au pied.

1745. — Il faut percer la verrue avec une épingle et verser dessus une goutte d'alcali.

Vers.

1746. — Boire du jus de verveine du Pérou pendant huit jours.

1747. — Faire cuire de l'écorce de mûrier dans l'eau et boire cette eau.

1748. — Contre les vers de la tête, faire brûler un cigare et souffler, au moyen d'un entonnoir, la fumée dans l'oreille.

1749. — Extraire trois gouttes de jus de camomille simple dans du café ou de l'eau sucrée; en boire trois jours à jeun.

1750. — Écraser de la pyrèthre, la pétrir avec du saindoux et l'appliquer entre le nombril et le creux de l'estomac. Bon pour tous les âges.

1751. — Prendre du genièvre, de la sabine, de l'absinthe femelle, en parties égales (une pincée); hacher, en faire une omelette avec des œufs frais et de l'huile de noix, et l'appliquer sur le creux de l'estomac.

1752. — Faire rôtir des vers de terre, les pulvériser, en mettre dans une infusion ou bouillon.

1753. — Prendre sept écrevisses, les écraser, les mélanger avec de la farine de seigle et une glaire d'œuf et appliquer entre le creux de l'estomac et le nombril.

1754. — Écraser de l'ail, le mettre entre deux linges et l'appliquer sur le creux de l'estomac.

1755. — Contre les vers de tête appliquer aux deux tempes des vers de terre.

1756. — Mettre dans un demi-verre d'eau ou de vin la valeur de deux grains de blé d'assa-fœtida et le boire.

1757. — Les grandes personnes pourront prendre de la poudre du Persan. On demandera la quantité au pharmacien.

1758. — Boire à jeun, pendant la journée, de temps à autre, une cuillerée de sel. Sur le soir, de demi-heure en demi-heure, un demi-verre d'eau-de-vie.

1759. — Faire boire aux enfants, le matin, une infusion de mousse de mer faite de la veille.

1760. — Pour tous les âges, boire à jeun, tous les mois, un demi-verre de vin dans lequel on aura délayé une cuillerée de farine. Avant de boire ce vin, on mâchera une bouchée de pain que l'on crachera.

1761. — Boire de deux en deux jours, pendant huit jours, un demi-litre de lait dans lequel on aura fait bouillir trois ou quatre gousses d'ail.

1762. — Mettre des vers de terre dans une fiole que l'on laissera pendant quarante jours dans le fumier. On se frictionnera ensuite avec cette préparation le cou, le creux de l'estomac et le nombril. — Boire une demi-cuillerée de jus d'oignons.

1763. — Faire brûler des coquilles d'œufs, et les mettre dans du lait que l'on boira. — Mettre des vers de terre entre deux linges et les appliquer sur le nombril.

1764. — Faire frire, dans du beurre, des vers de terre jusqu'à ce qu'ils soient réduits en charbon; les mettre en poudre, que l'on prendra dans du lait en boisson.

1765. — Faire boire aux enfants, de temps à autre, deux cuillerées de lait mêlées à une cuillerée d'eau-de-vie.

1766. — Faire brûler des vers de terre sur une pelle rouge, les pulvériser et les faire manger dans un aliment.

1767. — Mettre dans une bouteille de vin vieux trente noyaux de pêches concassés avec les coquilles (quinze seulement pour un enfant), une noix muscade et pour 20 centimes de cannelle; faire bouillir jusqu'à réduction aux trois quarts, passer, faire rebouillir en ajoutant 125 gr. de sucre. Une grande personne en boira, tous les jours, le matin, le quart d'un verre; un enfant, le huitième d'un verre.

1768. — Faire bouillir des feuilles d'absinthe et d'armoise

avec du vin blanc et en faire des applications sur le nombril, ou en exprimer le jus et en faire boire une goutte.

1769. — Boire à jeun le jus d'un citron que l'on aura mélangé avec une égale quantité d'eau.

1770. — Faire manger à jeun des petits poireaux.

1771. — A la première convulsion, prendre un verre d'eau fraîche dans laquelle on aura fait dissoudre une cuillerée de sel.

1772. — Envoyer quatre bouffées de fumée de pipe. Piler de l'herbe de la rue et la mettre sur le creux de l'estomac et autour du nombril.

1773. — Boire à jeun une cuillerée d'huile de noix vierge.

1774. — Prendre une certaine quantité d'écrevisses, les écraser dans un mortier, en extraire le jus et le faire boire. On appliquera le reste sur le nombril.

1775. — Tremper un linge dans l'huile de pétrole, en frotter les tempes, le cou et l'estomac, et en respirer l'odeur.

1776. — Boire un doigt de vin mêlé à autant d'huile d'olive et à du sucre ; le tout bien battu ensemble.

1777. — Pour détruire les vers, chez une grande personne, mettre infuser pendant deux heures quatre prises de tabac dans un petit verre d'absinthe, ajouter autant d'eau et boire, après avoir passé.

1778. — Mettre huit gousses d'ail écrasées dans un verre, rempli aux trois quarts de vin et d'un quart d'eau ; laisser passer la nuit au serein, tirer au clair et boire. — Remède pour une grande personne.

1779. — Racler une gousse d'ail dans du vin ; passer dans un linge, en exprimer le jus et le faire boire en deux fois par jour.

1780. — Faire boire pour 10 centimes de semen-contra dans une infusion. — Pour une grande personne.

1781. — Pour faire descendre les vers, prendre un lavement de lait.

1782. — Prendre de la mille feuilles, la piler, la battre avec le blanc d'un œuf, et appliquer sur le bas-ventre.

1783. — Contre les vers à la tête, faire respirer l'odeur de la centaurée et en faire des applications sur la tête.

1784. — Contre les vers : pour les grandes personnes, boire le jus de la verveine du Pérou, pendant huit jours.

1785. — Pour les enfants, même ceux qui sont étiques, faire bouillir du lait frais dans lequel on a mis 1 gr. de castoreum ; le boire le matin à jeun, pendant trois jours.

1786. — Faire tremper un pain chaud dans l'eau et boire cette eau.

1787. — Dans un quart de verre de vin, mettre une pincée d'absinthe ; couvrir le verre avec une feuille de papier percée d'un trou d'épingle, et le mettre au serein toute la nuit ; boire à jeun le contenu.

1788. — Pour les enfants, quatre gouttes de vinaigre dans une cuillerée d'huile de noix vierge.

1789. — Mettre 1 gr. de racine de fougère dans une tasse d'eau, et la boire.

1790. — Dans un quart de verre de vin mettre un dé de poudre de chasse et boire.

1791. — Un litre de vin, 30 gr. de semen-contra, 30 gr. de rhubarbe ; laisser infuser vingt-quatre heures. En donner un demi-verre aux enfants, un verre aux hommes et aux femmes enceintes.

Ver solitaire.

1792. — Prendre deux pilules d'Anderson chaque jour, pendant deux jours. Après la première selle, prendre du bouillon d'herbes ou de pruneaux.

1793. — Ne rien manger de deux jours. Préparer de la panade avec du pain noir que l'on aura fait cuire avec du beurre et en manger, le soir, autant que l'appétit le permettra. Le lendemain matin, on boira une infusion de 100 gr. de racines de grenadier sauvage, que l'on fera cuire dans un litre et quart d'eau qu'on laissera réduire à un litre.

1794. — Prendre pendant trois jours une infusion faite avec 15 gr. de racines de fougère mâle en poudre. Le quatrième jour, boire une forte infusion comme ci-dessus, dans laquelle on ajoutera de l'écorce de grenade. Deux heures après, on boira un demi-litre de lait dans lequel on aura délayé 25 centigr. de calomel, 5 centigr. de gomme-gutte et 25 centigr. de scammonée. Prendre deux heures après 40 gr. d'huile de ricin.

1795. — Prendre à jeun 40 gr. d'huile de ricin, puis rester vingt-quatre heures sans manger ; ensuite, faire infuser, dans un demi-litre de lait, de la graine de courge et des amandes pilées ; sucrer et boire. Deux heures après, prendre 40 gr. d'huile de ricin.

1796. — Faire bouillir dans un demi-litre d'eau, jusqu'à réduction à un verre, 60 gr. de racine de grenadier, 30 gr. de racines de fougère, 25 centigr. d'aloès et une gousse d'ail ; on boira le verre en trois fois, de quart d'heure en quart d'heure. Deux heures après, boire 60 gr. d'huile de ricin mêlés à autant de bouillon.

1797. — Faire bouillir dans un litre d'eau, et laisser réduire à trois verres, 90 gr. d'écorce de grenadier mâle ; boire les verres de quart d'heure en quart d'heure. La veille du jour où l'on fera ce remède, on boira un litre de lait.

1798. — Faire bouillir un bol de lait ; quand le lait a bouilli, y faire infuser une poignée de graines de courge que l'on aura pilées. En boire les matins à jeun, pendant trois jours.

1799. — Manger des pilules composées d'étoupe de coton pétrie avec de la mie de pain.

1800. — L'écorce de mûrier cuite dans l'eau fait rendre le ver plat.

1801. — Prendre des pepins de citrouille ou courge, les dépouiller de leur enveloppe, bien les piler, les réduire en pâte; ajouter 60 gr. de sucre, mélanger et faire trois parts; en prendre une chaque matin pendant trois jours consécutifs à jeun. Le troisième jour, le ver sortira.

1802. — Faire infuser quelques grammes de kousso dans de l'eau-de-vie, et boire à jeun.

1803. — Prendre une coquille d'œuf, la faire griller dans une poêle neuve, la pulvériser, la tamiser; en mettre une pincée dans un demi-verre de tisane; le boire par gorgée à jeun. En trente minutes on rend le ver.

Vipères (Morsure de).

1804. — Sucer pendant cinq minutes la plaie; la salive de l'homme est un contre-poison.

1805. — Faire un mélange bien battu avec le jus de feuilles de plantain, bien pilées et pressurées, un verre d'huile de noix naturelle, un demi-verre de vinaigre rouge, un demi-verre d'eau de fontaine, un demi-verre d'eau de rivière; on en boira de demi-heure en demi-heure et on en mettra sur la plaie.

1806. — Frotter de suite la morsure avec de la terre fraîche. Si l'on peut tuer la vipère, en écraser la tête et l'appliquer sur la morsure.

1807. — Faire bouillir du bouillon blanc femelle, du genêt, de la feuille de noyer, de la deuxième écorce de sureau; appliquer le résidu sur la plaie et boire le bouillon. Ne pas boire de lait pendant trois mois.

1808. — Appliquer du bouillon blanc cuit dans du vin.

1809. — Boire du lait de chèvre dans lequel on a fait bouillir du bouillon blanc.

1810. — Boire du lait de chèvre dans lequel on a mis une pincée de poudre de chasse.

1811. — Boire un demi-verre de jus de plantain mâle,

mêlé à une égale quantité d'huile de noix vierge. En boire deux jours de suite la même dose.

1812. — Appliquer de la bouse de vache sur la plaie ; ensuite faire cuire dans du lait trois plantes de plantain mâle et les appliquer sur la plaie, après l'avoir lavée.

1713. — Appliquer sur la plaie de la feuille de frêne bouillie.

1814. — Mâcher du plantain mâle et l'appliquer sur la plaie après l'avoir pressée, toutes les deux heures (effet de la salive de l'homme).

1815. — Appliquer sur la plaie des feuilles de bardane écrasées.

1816. — Manger un citron tout entier.

Vomissements.

1817. — Pour arrêter un vomissement, boire un demi-verre d'eau gazeuse dans laquelle on a mis une cuillerée à café de sirop de groseille ; boire par gorgées.

1818. — Boire tous les deux jours une cuillerée à bouche d'élixir de la Grande-Chartreuse.

1819. — Prendre un œuf frais, en ôter le blanc, puis le remplir d'eau-de-vie et le laisser cuire comme cela, sans feu ; puis le faire manger au malade.

1820. — Pour arrêter un vomissement de sang, boire 120 gr. de jus de plantain, dans lequel on mettra 1 gr. et demi de camphre en poudre.

1821. — Contre les vomissements très-forts, le suc de la mélisse, bu le matin à jeun trois jours de suite (chaque jour de 30 gr. à 50), arrête le vomissement, aiguise l'appétit et fortifie la mémoire, qui se serait affaiblie par le refroidissement, par l'humidité du cerveau. Il ne faut pas que la mélisse soit en fleur, ni surtout en graine.

CHAPITRE XX

Yeux (Mal aux).

1822. — Prendre l'herbe qui croît au bois, dans l'eau ; l'appliquer sur les paupières.

1823. — Prendre de petits escargots qui montent sur les herbes et sur les arbres ; les piquer avec une épingle propre et bien pointue, au fond de la coquille : il en sortira un peu d'eau claire. Celle-ci, injectée dans les yeux de temps en temps, dans la journée, fortifie la vue. On peut encore laver ces escargots, les mettre au four, les piler et passer sur un tamis de soie ; souffler cette poussière dans les yeux.

1824. — Taches et cataracte. Écraser de l'herbe de la rue et de la chélidoine ; remplir une fiole du jus, la boucher hermétiquement, la mettre dans du fumier de cheval pendant huit jours, et en mettre sur les yeux quelques gouttes.

1825. — Ramasser des coquilles blanches d'escargots, les faire griller sur une pelle rouge ; pulvériser et souffler la poudre dans les yeux.

1826. — Écraser du plantain et l'appliquer : ou bien encore des limaces jaunes (contre le sang).

1827. — Écraser du sucre dans une cuillerée d'étain ; bien frotter celle-ci pour retirer un peu du métal, ajouter de l'huile d'olive et du miel ; pétrir avec une goutte d'eau pour fondre le sucre. En mettre sur l'œil avec une plume.

1828. — Prendre de l'huile de noix vierge, rouler un peigne de tisserand en toile autour d'un bâton, le tremper dans l'huile et le faire brûler; l'huile qui tombe doit être mise sur les yeux.

1829. — Prendre une bonne poignée de la deuxième écorce d'acacia dans un litre d'eau, réduire à moitié; laver les yeux avec cette eau et en faire des compresses.

1830. — Appliquer une peau de lapin bien chaude; bon pour les varices et les plaies.

1831. — Faire bouillir, pendant un quart d'heure environ, deux poignées de bluets dans un demi-litre d'eau; ajouter ensuite un demi-litre d'eau-de-vie, que l'on fait bouillir pendant environ cinq minutes avec l'eau de bluets. Tirer au clair, sucrer avec 10 centimes de sucre candi et se bassiner les yeux.

1832. — Pulvériser du sucre candi et en souffler sur la tache de l'œil avec un chalumeau de paille. Suivant les personnes, il faut continuer plus ou moins ces insufflations pour amener la guérison.

1833. — Écraser des feuilles de trèfle, pour en extraire le jus, et en injecter sur la tache avec un chalumeau de paille.

1834. — Prendre 20 gr. de sulfate de zinc que l'on partage en trois prises; en mettre une dans un tiers de verre d'eau, bien remuer, en mettre deux ou trois gouttes dans l'œil, à diverses reprises, et en imbiber un linge dont on se sert en compresse pendant la nuit. On recommencera de même le lendemain et le surlendemain avec les deux autres prises.

1835. — Mettre 20 gr. de sulfate de zinc dans un litre d'eau, s'en imbiber les yeux avec un linge, en ayant soin de remuer chaque fois.

1836. — Mettre dans une fiole pour 5 centimes de sulfate de zinc, pour 5 centimes de lustre de Florence, avec la valeur d'un verre d'eau, et s'en laver les yeux plusieurs fois dans la journée.

1837. — Appliquer des feuilles de vigne sur la tête après avoir coupé les cheveux. On laissera les feuilles pendant vingt-quatre heures. — Faire ces applications pendant quinze jours.—En même temps on fera sur les yeux, avec un chalumeau, des insufflations de sucre candi ou d'alun de roche pulvérisé (cuit à sec, au four).

1838. — Mettre dans un demi-litre d'eau pour 5 centimes de feuilles de roses bien pulvérisées, pour 5 centimes de sucre candi, pour 5 centimes de sulfate de zinc pulvérisé, bien remuer le tout, en imbiber un chiffon et en faire tomber quelques gouttes dans l'œil, que l'on referme aussitôt. — Le faire plusieurs fois.

1839. — Injecter du sang de poulet tout chaud dans l'œil, tous les matins, ou appliquer sur les yeux des poumons de pigeon, ou fendre des petits oiseaux et les appliquer tout chauds. — Bons remèdes pour une amaurose (affaiblissement de la vue).

1840. — Contre une cataracte, prendre une livre de goujons, en mettre les entrailles dans un verre que l'on couvre avec un papier. — Laisser ensuite infuser pendant quarante-huit heures au serein et en mettre de temps à autre une goutte sur l'œil.

1841. — Pour guérir les cataractes faire des applications sur ses yeux de miel en colonne, que l'on renouvelle matin et soir. — Faire ce remède pendant trois jours.

1842. — L'eau de fleur d'oranger est également très-bonne.

1843. — Oter leur coquille à des escargots et les appliquer sur les yeux jusqu'à guérison, ou bien appliquer une tranche de veau frais. Se laver de temps à autre avec de l'eau tiède et porter des chaussures en caoutchouc.

1844. — Faire cuire des oignons blancs, les écraser et les appliquer sur la plante des pieds, avec une cruche d'eau chaude derrière pour maintenir la chaleur. Faire ce remède trois fois.

1845. — Prendre un glaire d'œuf frais, 1 gr. d'alun de roche pulvérisé que l'on bat ensemble; appliquer sur un papier que l'on met autour de l'œil.

1846. — Se laver les yeux avec son urine (la deuxième); le faire tous les jours jusqu'à guérison.

1847. — Pour conserver la vue, prendre pour 5 centimes de couperose en poudre, la délayer dans un verre d'eau courante et s'en laver les yeux, ou faire cuire du foie de bœuf ou de vache dans l'eau et le manger.

1848. — Contre la cataracte, appliquer un escargot sur chaque œil et le laisser deux jours ; appliquer une carpe sur le front et la laisser aussi deux jours.

1849. — Prendre un litre et demi d'eau de fontaine, chauffer avec du bois une pelle jusqu'au rouge vif, mettre de l'alun de roche sur la pelle et le faire couler dans l'eau ; soutirer vingt-quatre heures après ; tremper un linge dedans et se laver les yeux avec.

1850. — Pour ramener la vue, faire des applications d'eau de Cologne sur les paupières (prendre garde d'en mettre dans les yeux).

1851. — Mettre des intestins de goujons dans une bouteille, exposée à une douce chaleur ; ils se convertiront en une liqueur jaune et huileuse que l'on appliquera sur les yeux. Ce remède est très-bon pour nettoyer les yeux, dessécher les petits ulcères, et consumer les cataractes. Employer une livre de poissons environ.

1852. — Pour un coup d'air, faire cuire un œuf bien dur, le partager et en mettre le blanc sur l'œil et sur les deux paupières.

1853. — Faire une pommade avec 16 gr. d'onguent rosat et 4 gr. de précipité rouge et en mettre sur les yeux gros comme la tête d'une épingle, matin et soir ; se laver le matin avec sa première salive. Ou appliquer sur les yeux du lait caillé très-frais.

1854. — Faire infuser du plantain, le placer entre deux linges et l'appliquer en compresses.

1855. — Contre les cataractes, faire infuser, dans un demi-litre d'huile de noix vierge, pendant vingt-quatre heures, une poignée d'herbe de capillaire et se frotter les yeux avec cette préparation, dix à douze fois par jour, avec un linge ; la nuit l'employer en applications. On continuera ainsi ce remède pendant quinze jours, qui sont nécessaires pour la guérison.

1856. — S'il y avait dans l'œil quelques corps étrangers, il faudrait prendre de la graine de grémil officinal, et en mettre une ou deux graines ; elles attirent les corps étrangers et guérissent les yeux. La graine de toute-bonne produit le même effet.

1857. — Prendre des champignons qui croissent autour du sureau, les faire tremper vingt-quatre heures dans un verre d'eau de rivière, et en appliquer un chaque soir sur les yeux. Il faut les ramasser en temps et lieu et les enfiler à un fil pour les conserver.

1858. — Contre une fistule aux yeux, faire bouillir dans du petit-lait de la pervenche, de la véronique et du bois de bouleau (une pincée de chacun) et faire des applications, cinq ou six fois par jour, jusqu'à guérison.

1859. — Pour faire disparaître la rougeur des yeux et conserver la vue, prendre une bouteille de vin naturel, y faire infuser de la sauge de jardin ; verser ensuite de ce vin dans une tasse, y plonger un fer rouge et s'en bassiner les yeux ; le soir, en se couchant, se mettre sur les yeux un linge de toile imbibé du liquide.

1860. — Faire cuire un œuf dur, en sortir le jaune, que l'on remplacera par 2 centimes de sulfate de zinc et 2 centimes de sucre candi ; on liera ensuite l'œuf et on le laissera pendant la nuit au serein dans un verre d'eau fraîche ; on se bassinera les yeux avec cette eau.

1861. — Faire cuire trois fois dans la même eau des limaces et des escargots, et se bassiner avec cette eau.

1862. — Porter des chaussures de flanelle et des petits souliers en caoutchouc. Tenir le tout très-propre.

1863. — Pour guérir une tache à l'œil, se faire lécher l'œil par un chien.

1864. — Autre remède contre une tâche à l'œil : Râper de l'alun de roche, en souffler dans les yeux jusqu'à guérison. Pour s'assurer des résultats, on peut d'abord expérimenter ce remède sur les animaux. L'alun de roche mis au four pendant deux heures, dans un vase de fer, battu et pulvérisé, est très-bon pour les plaies. On peut s'en servir également en onguent (mélangé avec du beurre), pour les dartres.

1865. — Se bassiner matin et soir avec quelques gouttes d'un collyre composé de 3 gr. d'eau de rose, 10 centigr. d'alun de roche, et cinq gouttes de laudanum.

1866. — Contre un coup d'air aux yeux, piler du persil et le battre avec une cuillerée de miel ; en mettre entre deux linges et en faire une application pendant la nuit.

1867. — Contre une inflammation aux yeux, mettre dans une petite fiole remplie d'eau de rivière une pincée d'iris de Florence, une pincée de sulfate de zinc, six gouttes de laudanum, et bien remuer ; appliquer en compresses.

1868. — Contre les taches aux yeux, mêler un tiers d'aloès succotrin, un tiers de myrrhe, un tiers de sang-dragon et le blanc d'un œuf frais du jour ; pétrir et en faire un emplâtre sur taffetas, de la grandeur d'une pièce de 5 francs, et l'appliquer sur la tempe de l'œil malade, où on le laissera jusqu'à ce qu'il tombe. Si alors la tache n'était pas guérie, il faudrait refaire le remède une seconde fois.

1869. — Le fiel de barbot est très-bon pour les maux d'yeux.

1870. — Contre une inflammation aux yeux, faire de la neige avec une glaire d'œuf frais et du sucre bien battus, la mettre entre deux linges et faire des applications sur les yeux.

1871. — Remplir une bouteille d'eau de rivière par un beau temps, la mettre dans un pot neuf et la faire bouillir ; on sort alors le pot de dessus le feu et on y met 1 gr. de vert de gris et 2 gr. de couperose blanche ; on délaye alors le tout avec une spatule en bois, jusqu'à refroidissement ; on vide ensuite dans une bouteille et l'on s'en sert, soit pour se bassiner les yeux, soit en compresses. — Ne pas prendre l'air.

1872. — Contre un coup d'air, mettre au fond d'un verre 2 gr. de couperose blanche, le blanc d'un œuf frais ; remplir le verre d'eau, délayer et s'en servir ensuite, soit en humectant les yeux, soit au moyen de compresses. — Ne pas prendre l'air.

1873. — Contre les taches aux yeux, faire bien sécher de la coquille d'escargots, et la piler bien fin ; puis la souffler dans les yeux au moyen d'un chalumeau.

1874. — L'eau de miel, mêlée avec de l'esprit de miel, est très-bonne pour les yeux, ainsi que pour faire naître et croître les cheveux.

1875. — Pour une tache à l'œil, bassiner l'œil avec de l'eau fraîche, ainsi qu'avec de l'eau dans laquelle on aura fait bouillir neuf feuilles de mauve, le deuxième jour huit, et ainsi de suite, en diminuant, pendant neuf jours. Au bout de ce temps, passer le coin d'un mouchoir sur la tache ; elle s'enlève.

1876. — Pour guérir les maux d'yeux, remplir une fiole d'eau de rivière avant le lever du soleil, y mettre du sucre candi et s'en laver les yeux. — Boire de la tisane de fleur de pensée ou de douce-amère.

1877. — Contre un orgelet à l'œil (compère loriot), boire de la tisane de valériane pendant quatre jours et injecter sur l'œil une goutte d'huile de foie de morue.

1878. — Pour éclaircir la vue, prendre de la chélidoine en fleur, en extraire le suc, le faire cuire avec du miel sur des cendres chaudes, dans un pot d'airain, et se bassiner les yeux avec.

1879. — Prendre un morceau de graisse blanche, y piquer beaucoup de grains d'avoine ; faire fricasser dans une poêle ; ramasser l'onguent dans un pot et s'en frotter les paupières. — Bon également pour les brûlures.

1880. — Faire infuser vingt-quatre heures dans un litre d'eau : vitriol blanc, 4 gr., vitriol blanc de Chypre, 1 gr., safran du Gâtinais, 1 gr., camphre, 12 gr. ; les mettre dans un endroit un peu chaud, passer dans un linge, ajouter un demi-verre d'eau-de-vie de marc. On se lavera les yeux pendant cinq minutes avec un linge imbibé de ce liquide.

1881. — Une décoction de plantain rond guérit les maux d'yeux.

1882. — Faire cuire du séneçon, se laver avec l'eau et faire une compresse avec l'herbe.

1883. — Pour enlever la rougeur des yeux, prendre du lait bourru, du persil, du mouron rouge, une pincée de sel ; faire bouillir et laver les yeux avec l'eau.

1884. — Pour éclaircir la vue, se laver les yeux avec de l'eau qui découle de la vigne.

1885. — Pour enlever une taie, humecter une plume d'huile de noix vierge et la passer dessus.

1886. — Faire infuser dans de l'eau battue par un moulin des clous de girofle, du sucre candi, de la couperose ; en mettre une goutte dans les yeux.

1887. — Prendre de la salive, s'en laver ou s'en frotter.

1888. — Pour guérir un coup sur l'œil ou une rougeur de la paupière, prendre deux poignées de feuilles de roses de tous les mois, les mettre sur la paupière et les maintenir par un bandage. En quarante-huit heures on est guéri.

1889. — Prendre 20 gr. de sulfate de zinc, vider un œuf frais, le remplir d'eau, y mettre une prise de sulfate et l'enfouir dans les cendres chaudes. Écumer avec une cuillère à café; se bassiner les yeux avec le liquide.

1890. — Faire bouillir une fois une pincée de fleurs de fraisier et, à défaut, les feuilles ; s'en bassiner. Le jus de plantain guérit les taies.

1891. — Prendre des roses, des bluets, pour 5 centimes de couperose, du sucre candi, 10 centimes de cognac dans un litre d'eau ; s'en bassiner les yeux.

1892. — Mettre du poivre long en poussée, gros comme une noisette dans un quart de litre de vin blanc ; laisser infuser vingt-quatre heures, presser et se laver avec le liquide.

1893. — Pour guérir les cataractes, prendre 20 grammes de boutons de roses de Provins, les laisser infuser dans peu d'eau après les avoir fait bouillir une fois ; en faire trois cataplasmes, matin, midi et le soir, sur les yeux.

CHAPITRE XXI

Moyen de faire la pierre divine.

1894. — Prendre 90 gr. de chacune des substances suivantes : alun de roche, salpêtre, vitriol bleu de Chypre, le tout pulvérisé ; les mettre dans un petit pot en terre, sur des cendres rouges, remuer avec une spatule, en ayant soin d'éloigner la figure pour ne pas respirer l'odeur ou la vapeur. Quand le mélange est bien dissous il faut ajouter 12 gr. de camphre en poudre, remuer et boucher hermétiquement après avoir retiré du feu. Laisser reposer vingt-quatre heures, puis casser le pot pour avoir la pierre.

1895. — Pour faire l'eau divine prendre un litre d'eau de rivière, y mettre 12 gr. de la pierre, bien pulvérisée, l'y faire dissoudre pendant douze heures. Quand on veut s'en servir on imbibe un linge et on l'applique sur les yeux ; avoir soin de ne pas en mettre sur le globe de l'œil. Il faut tenir un linge dans la bouche, quand on veut en mettre sur les lèvres.

Cette eau est bonne pour guérir les brûlures, les meurtrissures, les coups, les coupures, et arrêter les hémorrhagies.

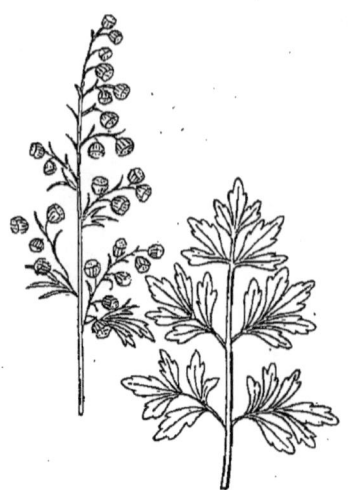

1. — Absinthe.

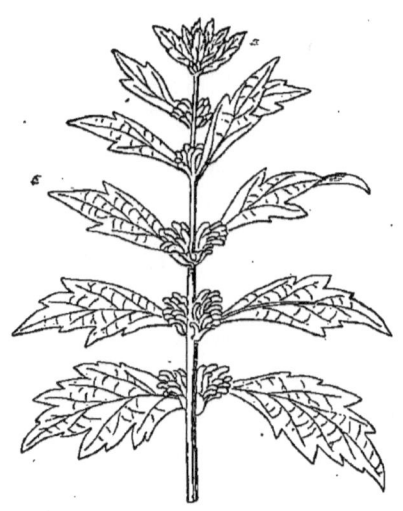

2. — Agripaume.

3. — Aigremoine.

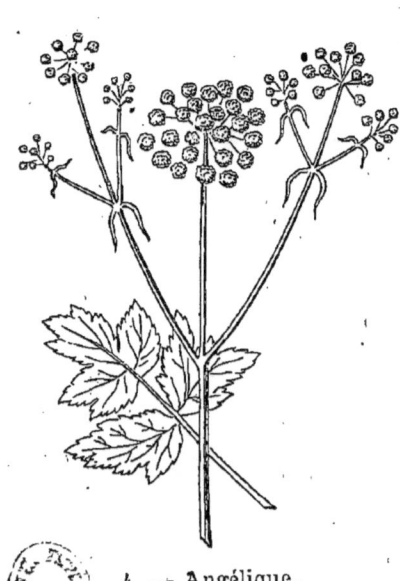

4. — Angélique.

— 218 —

5. — Anis Boucage.

6. — Armoise.

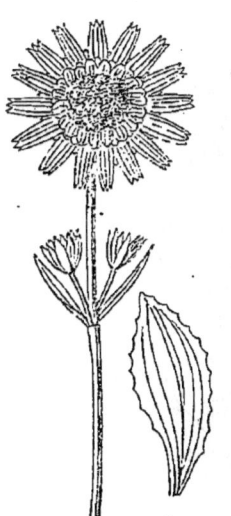

7. — Arnica.

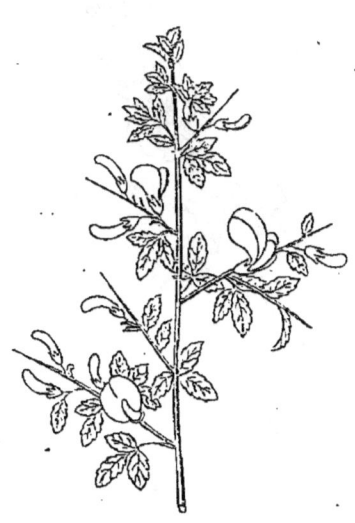

8. — Arrête-Bœuf.

9. — Bardane.

10. — Belladone.

11. — Betoine.

12. — Bouillon-blancs.

13. — Bourrache.

14. — Bryone.

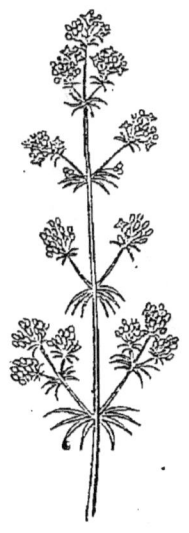

15. — Caille-lait.

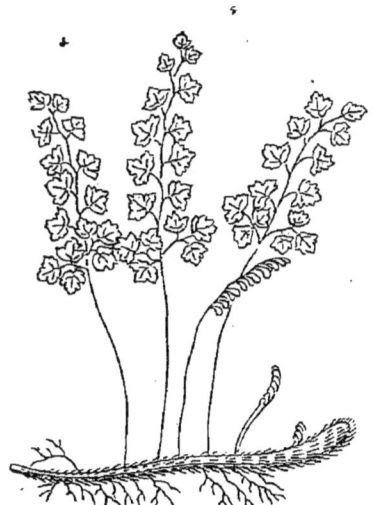

16. — Capillaire.

17. — Chélidoine.

18. — Chicorée sauvage.

19. — Chèvrefeuille.

20. — Consoude (Grande).

21. — Digitale.

22. — Ellébore blanc.

23. — Ciguë (Grande).

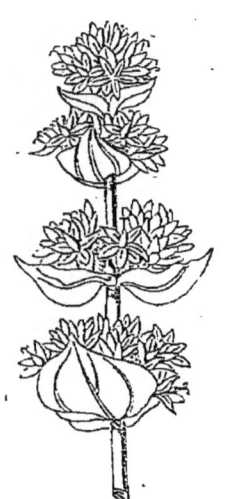

24. — Gentiane.

— 223 —

25. — Grémil.

26. — Guimauve.

27. — Géranium.

28. — Houblon.

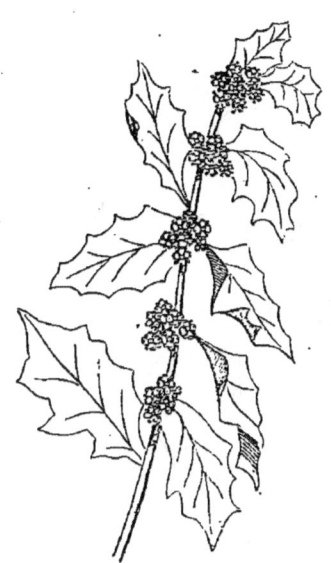

29. — Fragon.

30. — Hysope.

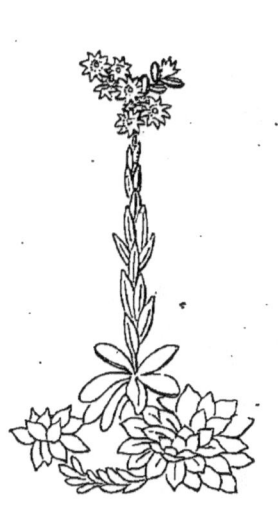

31. — Joubarbe.

32. — Jusquiame.

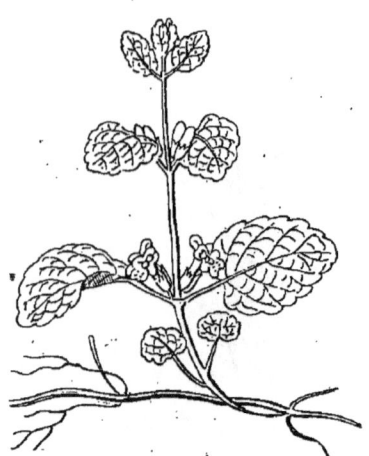

33. — Lierre terrestre.

34. — Liseron.

35. — Lycopode.

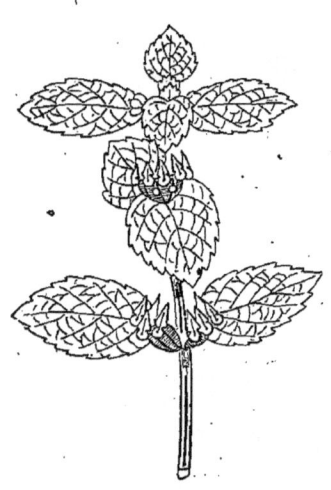

36. — Marrube.

37. — Menthe.

38. — Mercuriale.

39. — Douce Amère.

40. — Morelle.

41. — Mouron.

42. — Achillée.

43. — Millepertusi.

44. — Origan.

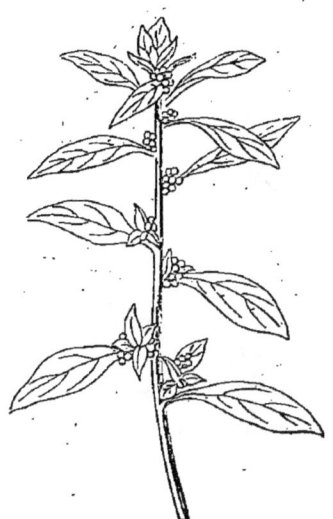

45. — Pariétaire.

46. — Patience.

47. — Houx (Petit).

48. — Pivoine.

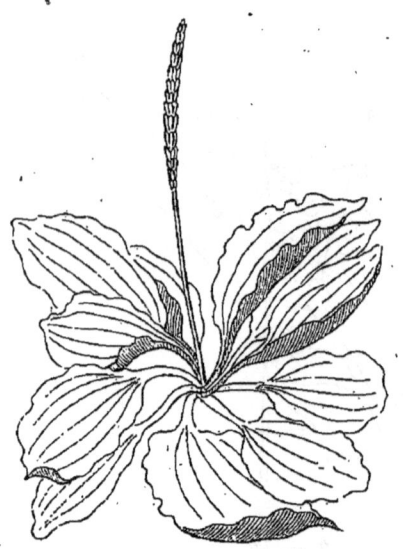

49. — Plantain (Grand).

50. — Polygala.

51. — Pourpier.

52. — Primevère.

53. — Romarin.

54. — Rue.

55. — Safran.

56. — Saponaire.

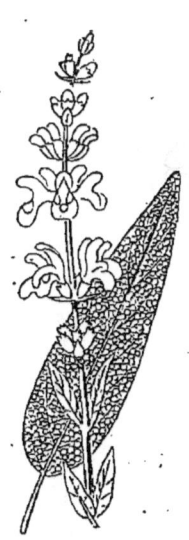
57. — Sauge.

58. — Benoîte.

— 231 —

59. — Rose de Provins.

60. — Salicaire.

61. — Scabieuse.

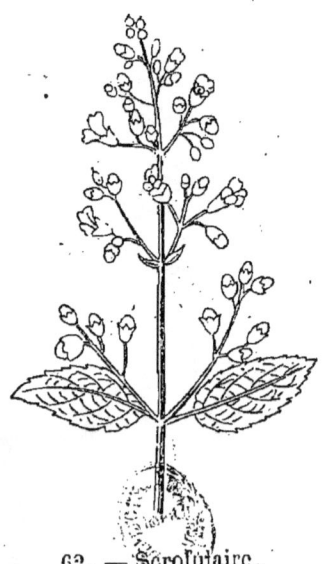

62. — Scrofulaire.

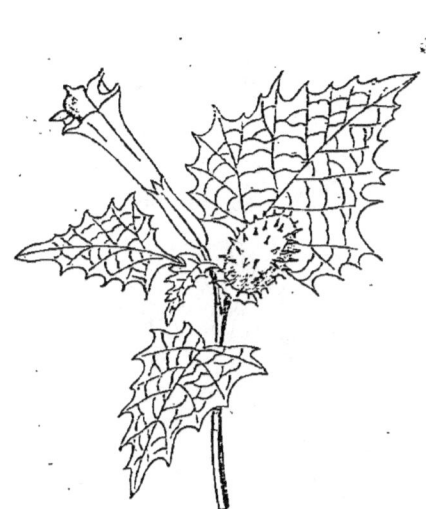

63. — Datura Stramonium.

64. — Valériane.

65. — Vierge d'or.

66. — Verveine.

— 233 —

67. — Anis étoilé.

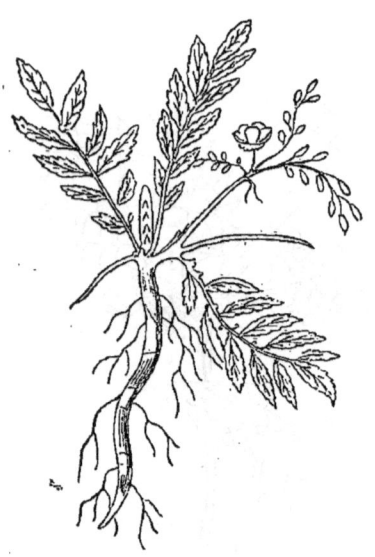

68. — Argentine.

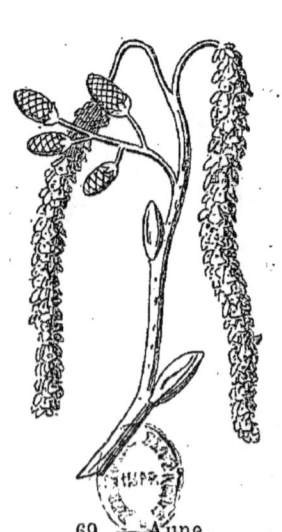

69. — Aune.

70. — Buglose.

71. — Busserole.

72. — Camomille.

7.3 — Chardon-bénit.

74. — Cochléaria.

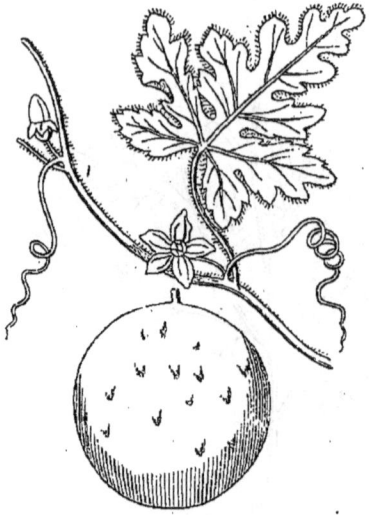

75. — Coloquinte.

76. — Coquelicot.

77. — Fougère mâle.

78. — Fumeterre.

79. — Germandrée.

80. — Gouet P(ied de-Veau.)

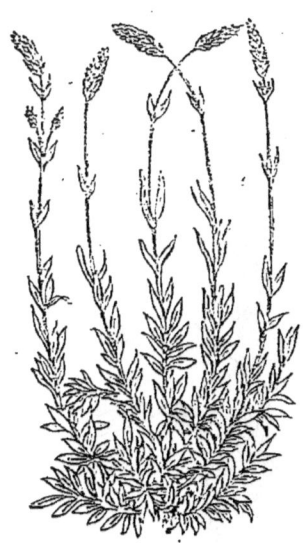
81. — Lavande.

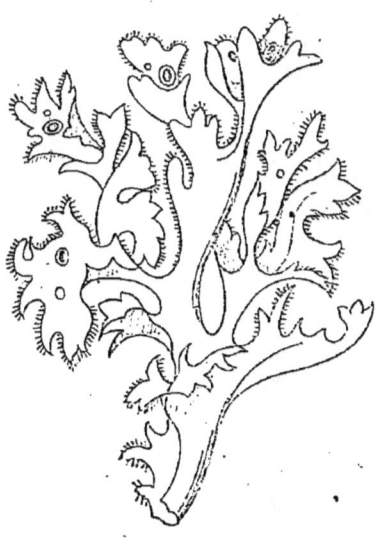
82. — Lichen.

83. — Orpin.

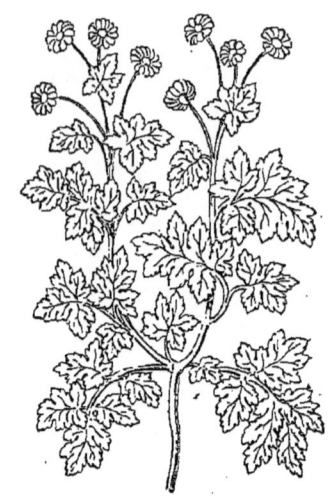

84. — Pyrèthre.

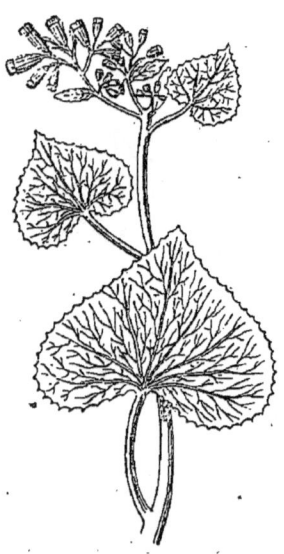

85. — Pas-d'Ane.

86. — Persicaire.

— 238 —

87. — Perce-Mousse.   88. — Pervenche.   89. — Petite centaurée.

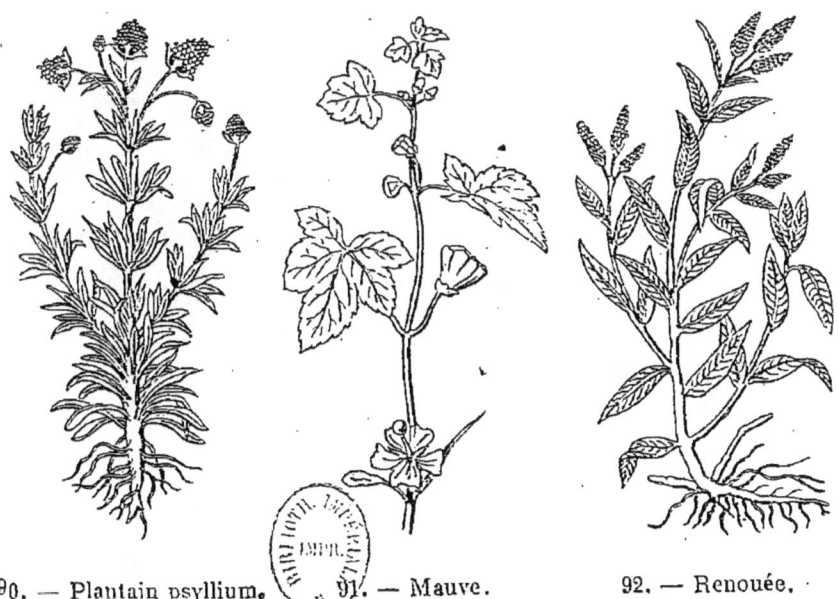

90. — Plantain psyllium.   91. — Mauve.   92. — Renouée.

93. — Marronnier d'Inde.

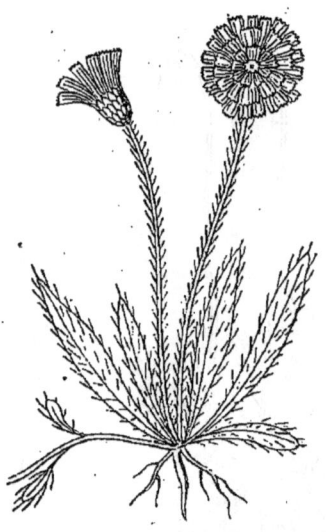

94. — Piloselle.

95. — Morelle noire.

96. — Matricaire.

— 240 —

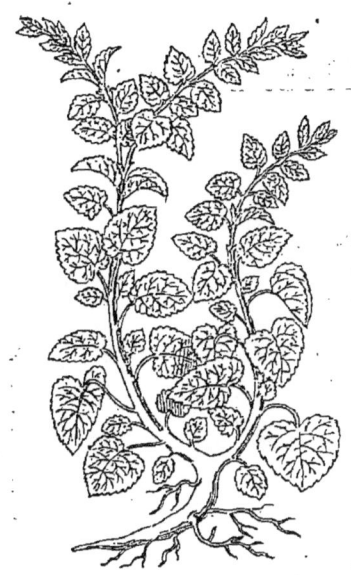

97. — Mélisse.

98. — Pulmonaire.

99. — Tanaisie.

100. — Turbith.

TABLE DES MATIÈRES

Chapitre premier.

	PAGES.
Abcès	1
Accouchement	1
Aliénation	2
Angines (voir aussi Esquinancie)	3
Ankylose (raideur des jointures)	4
Apoplexie	6
Appétit	6
Asphyxie	6
Asthme	6

Chapitre II.

Battements de cœur	9
Brûlures	9

Chapitre III.

Calus	15
Cancer	15
Carreau (ventre ballonné des enfants)	17
Catarrhe	17
Chagrin ou Sang brouillé	18
Chancre	19
Charbon	20
Chaud et froid	20
Cheveux	25
Choléra ou Peste	26
Coliques	28
Constipation	31
Convulsions	31
Coqueluche	32
Cors aux pieds	34
Cou (mal de)	37
Coups	37
Coups d'air	39
Coups de soleil	40
Coupure	40
Crachement de sang	42
Crevasses	48
Crevasses des seins	43
Croup	44

Chapitre IV.

Dartres	47
Dégriser (pour)	51
Délire	51
Démangeaisons	51
Dents	51
Dépôt de lait	56
Diabète	57
Douleurs	57
Douleurs sciatiques	66
Dyssenterie	68

Chapitre V.

Ecrouelles (voir aussi Scrofules)	73
Elixirs	73
Enfants noués (voir aussi Pisser au lit)	74
Enflure	75
Engelures	77
Entorse (voir aussi Foulures)	78
Envies	79
Epanchement d'eau	79
Epilepsie	79
Eruption (voir aussi Sang (Eruption de))	81
Erysipèle	81
Esquinancie (voir aussi Angines)	82
Estomac	85
Etourdissement	86
Extinction de voix	86

Chapitre VI.

Faiblesse	89
Fièvre	89
Flux de sang (voir aussi Dyssenterie)	96
Fluxion de poitrine	97
Fondement	99
Foulures (voir aussi Entorse)	99
Furoncle	100

Chapitre VII.

Gale	101
Gangrène	103
Gastrite	104
Glandes	105
Goître	105
Gorge (maux de)	106
Gorge ou Langue chargée	107
Goutte	107
Gravelle	108

Chapitre VIII.

Hémorrhagie	109
Hémorrhoïdes	110
Hernies	112
Hoquet	114
Humeurs froides	115
Hydrophobie (Rage)	115
Hydropisie	119

Chapitre IX.

Indigestion	123
Irritation (voir aussi Toux)	124
Ivrognerie	126

Chapitre X.

Jaunisse	129

Chapitre XI.

Lait au sein	131
Léthargie	132
Loupes	132

Chapitre XII.

Maladies secrètes	135
Maladies de poitrine	138
Matrice (Dérangement, Inflammation)	140
Mélancolie	145
Meurtrissures (voir aussi Coups et Blessures)	146
Migraine et Névralgie	146

Chapitre XIII.

Nerfs retirés	153
Névralgies (voir Migraine)	146
Noyés	153

Chapitre XIV.

Obésité	155
Oppression	155

Chapitre XV.

Pâles couleurs	159
Panaris	159
Paralysies	163
Parole (pour faire revenir la)	164
Pertes blanches ou rouges	165
Peste (voir aussi Choléra)	168

Petite vérole..	168
Peur..	169
Piqûres...	169
Pisser au lit (voir aussi Enfants noués)......................	169
Plaies..	170
Point de côté (voir aussi Maladies de poitrine)...............	173
Purgation...	174

Chapitre XVI.

Rache ou Teigne...	177
Rétention d'urine...	177
Rhume (voir aussi Toux).......................................	181
Rougeole..	184

Chapitre XVII.

Sang (arrêté)...	185
Sang (coup de)..	186
Sang (Eruption, voir aussi ce mot)............................	187
Sang (pour le purger)...	187
Sang (retour de l'âge)..	188
Scorbut...	189
Scrofule (voir aussi Ecrouelles)..............................	189
Soif..	189
Sommeil (pour se procurer le).................................	189
Surdité...	189

Chapitre XVIII.

Taches à la figure et autres..................................	193
Teignes des enfants (voir aussi Rache)........................	193
Tête (maux de)..	194
Toux (voir aussi Irritation et Rhume).........................	194
Transpiration...	195
Transpiration des pieds.......................................	195
Transport (des enfants).......................................	196
Tumeurs...	196

Chapitre XIX.

Varices...	197
Venin...	197
Vents...	198
Verrues...	198
Vers..	199
Ver solitaire...	202
Vipère (morsure de)...	204
Vomissements..	205

Chapitre XX.

Yeux (mal aux)..	207

Chapitre XXI.

Moyen de faire la Pierre divine et l'Eau divine...............	215

TABLE DES PLANTES FIGURÉES

AVEC INDICATION DES LIEUX OU ELLES CROISSENT

	PAGES.
1. Absinthe, Artemisia Absinthium. Lieux incultes, rochers...	217
2. Agripaume, Leonurus Agripauma. Partout, le long des haies.	id.
3. Aigremoine, Agrimonia. Le long des haies et des chemins..	id.
4. Angélique, Angelica archangelica Près des marais; on la cultive....................................	id.
5. Anis boucage, Pimpinella anisum. Cultivé en France.......	218
6. Armoise, Artemisia. Lieux secs et pierreux..............	id.
7. Arnica, Arnica. Abonde dans les montagnes.............	id.
8. Arrête-Bœuf (Bugrane), Ononis. Dans les lieux incultes.....	id.
9. Bardane, Lappa aretium. Lieux incultes................	219
10. Belladone, Atropa. Lieux ombragés, humides............	id.
11. Bétoine, Geum. Haies, lieux pierreux, lisières des bois.....	id.
12. Bouillon-Blanc, Verbascum thapsus. Bords des chemins, terrains en friche.................................	id.
13. Bourrache, Borrago. Lieux cultivés...................	220
14. Bryone (Vigne sauvage), Bryonia dioica. Dans les haies.....	id.
15. Caille-Lait, Galium. Pelouses sèches, lisières des bois......	id.
16. Capillaire, Adianthum. Sur les murs et dans les lieux frais.	id.
17. Chélidoine (grande), Chelidonium majus. Sur les vieux murs.	221
18. Chicorée sauvage, Cinchonium intybus. Au bord des chemins et lieux incultes.................................	id.
19. Chèvrefeuille, Lonicera. Le long des haies et dans les lieux pierreux.......................................	id.
20. Consoude (grande), Symphytum. Lieux humides..........	id.
21. Digitale, Digitalis. Dans les jardins...................	222
22. Ellébore blanc (Veratre), Veratrum album. Montagnes et lieux escarpés...................................	id.

23. Ciguë (grande), Cicuta major. Décombres, cimetières, voisinage des habitations.................................. 222
24. Gentiane, Gentiana. Coteaux arides, pelouses rases......... id.
25. Grémil, Lithospermum. Montagnes et jardins............. 223
26. Guimauve, Althæa. Lieux marécageux.................. id.
27. Géranium, Geranium. Le long des chemins, dans les vignes. id.
28. Houblon, Humulus lupulus. Se cultive................... id.
29. Fragon.. 224
30. Hysope, Hysopus. Bois sablonneux..................... id.
31. Joubarbe (grande), Sempervivum. Sur les vieux toits...... id.
32. Jusquiame, Hyoscyamus. Bords des chemins, décombres... id.
33. Lierre terrestre, Hedera helix. Le long des haies........... 225
34. Liseron, Convolvulus. Dans les haies.................... id.
35. Lycopode, Lycopodium. Dans les bois................... id.
36. Marrube blanc, Marrubium album. Le long des haies et des fossés... id.
37. Menthe, Mentha. Dans les jardins....................... 226
38. Mercuriale, Mercurialis. Lieux cultivés................... id.
39. Douce-amère, Solanum dulcamara. Haies, bords des chemins. id.
40. Morelle, Solanum. Dans les haies....................... id.
41. Mouron, Anagallis. Jardins et lieux humides............. 227
42. Achillée... id.
43. Millepertuis, Hypericum. Lieux cultivés................. id.
44. Origan, Origanum. Lisières des bois, haies.............. id.
45. Pariétaire, Parietaria. Sur les vieux murs................ 228
46. Patience, Rumex patientia. Le long des chemins et dans les champs... id.
47. Houx (petit), Ruscus aculeatus. Bois, haies, lieux arides.... id.
48. Pivoine, Pæonia. Dans les ombrages des montagnes........ id.
49. Plantain (grand), Plantago major. Croît partout........... 229
50. Polygala, Polygala. Pelouses, bois, bruyères.............. id.
51. Pourpier, Portulaca. Jardins et vignes................... id.
52. Primevère, Primula. Dans les prés et les bois............ id.
53. Romarin, Rosmarinus. Bois et jardins................... 230
54. Rue, Ruta. Sur les murs................................ id.
55. Safran, Crocus. Se cultive.............................. id.
56. Saponaire, Saponaria. Au bord des fossés................ id.
57. Sauge, Salvia. Dans les jardins et les montagnes.......... id.
58. Benoite, Betonica. Lisières des bois, pâturages........... id.
59. Rose de Provins, Rosa gallica. Cultivée dans les jardins.... 231
60. Salicaire, Salicaria. Dans les lieux arides................ id.
61. Scabieuse, Scabiosa. Dans les champs et les prés.......... id.
62. Scrofulaire, Scrofularia. Sur le bord des fossés............ id.

63. Datura Stramonium.................................... 232
64. Valériane, Valeriana. Parmi les rochers et dans les blés..... id.
65. Verge d'or, Solidago. Dans les jardins et les bois.......... id.
66. Verveine, Verbena. Sur les chemins..................... id.
67. Anis étoilé (Badiane), Anisum illicium. Se cultive......... 233
68. Argentine, Potentilla auserina. Le long des sentiers et des chemins... id.
69. Aune, Alnus. Lieux marécageux....................... id.
70. Buglosse, Anchusa. Lieux arides (rare)................. id.
71. Busserole, Arbutus uva ursi. Dans les montagnes, surtout celles des Alpes..................................... 234
72. Camomille, Anthemis. Pelouses, bords des chemins, terrains sablonneux... id.
73. Chardon-bénit, Centaurea benedicta. Le long des chemins.. id.
74. Cochléaria, Cochlearia. Le long des haies et dans les prés... id.
75. Coloquinte, Citrullus colocyntha. Lieux arides............ 235
76. Coquelicot. Papaver rhœas. Dans les moissons .... id.
77. Fougère mâle, Nephrodium filix mas. Dans les bois....... id.
78. Fumeterre officinale, Fumaria officinale. Le long des haies et des murs... id.
79. Germandrée Petit-Chêne, Teucrium Chamoedrys. Lieux arides... 236
80. Gouet (Pied-de-Veau), Arum maculatum. Haies, lieux ombragés... id.
81. Lavande, Lavandula. Lieux stériles..................... id
82. Lichen, Physcia. Bois et rochers....................... id.
83. Orpin, Sedum Telephium. Vieux murs, toits de chaume... 237
84. Pyrèthre, Pyrethrium. Lieux froids et secs............... id.
85. Pas-d'Ane (Tussilage), Tussilago. Le long des ruisseaux, endroits humides...................................... id.
86. Persicaire, Polygonium Persicaria. Dans les bois.......... id.
87. Perce-Mousse. Dans les bois............................ 238
88. Pervenche, Vinca. Lieux ombragés...................... id.
89. Centaurée (petite), Erithræa centaurium. Dans le voisinage des fontaines....................................... id.
90. Plantain psyllium. Herbe aux puces. Dans les champs; lieux non cultivés.................................... id.
91. Mauve, Malva. Un peu partout......................... id.
92. Renouée, Polygonum. Croît partout..................... id.
93. Marronnier d'Inde, Æsculus hippocastanum. Dans les bois... 239
94. Piloselle (Epervière), Hieracium. Parmi les rochers et lieux incultes.. id.
95. Morelle noire, Solanum nigrum. Bords des chemins....... id.

96. Matricaire, Matricaria. Berges des rivières, lieux pierreux...	239
97. Mélisse, Melissa. Dans les jardins......................	240
98. Pulmonaire, Pulmonaria. Clairières des bois, buissons.....	id.
99. Tanaisie, Tanacetum. Plante vivace.....................	id.
100. Turbith, Globularia Turbith. Lieux cultivés..............	id.
Badiane (voir Anis Étoilé).................................	233
Bugrane (voir Arrête-Beuf)................................	215
Herbe aux puces (voir Plantain psyllium).................	238
Millefeuilles (voir Achillée)...............................	
Tussilage (voir Pas-d'Ane)................................	237
Veratre (voir Ellébore)....................................	222
Vigne sauvage (voir Bryone)..............................	220

Paris. — Imp. Rouge frères, Dunon et Fresné, rue du Four, 43.

www.ingramcontent.com/pod-product-compliance
Lightning Source LLC
Chambersburg PA
CBHW070627170426
43200CB00010B/1935